W0195258

VORWORT

Das Rheinische Grundgesetz und Pamela 7

PRÄAMBEL

Jede Jeck es anders
Alle Menschen sind gleich 11

ARTIKEL 1

Et es wie et es
Sieh den Tatsachen ins Auge! 22

ARTIKEL 2

Et kütt wie et kütt
Habe keine Angst vor der Zukunft! 58

ARTIKEL 3

Et hät noch immer jot jejange
Lerne aus der Vergangenheit! 70

ARTIKEL 4

Wat fott es, es fott
Jammere den Dingen nicht nach! 78

ARTIKEL 5

Et bliev nix, wie et wor
Sei offen für Neuerungen! 90

ARTIKEL 6

Kenne mer nit, bruche mer nit, fott domet
Sei kritisch, wenn Neuerungen überhandnehmen!   96

ARTIKEL 7

Wat wellste maache?
Füge dich in dein Schicksal!   105

ARTIKEL 8

Maach et jot, ävver nit ze off
Achte auf deine Gesundheit!   109

ARTIKEL 9

Wat soll dä Quatsch?
Stelle immer zuerst die Universalfrage!   111

ARTIKEL 10

Drink doch eine met
Komme dem Gebot der Gastfreundschaft nach!   115

ARTIKEL 11

Do laachste dich kapott
Bewahre dir eine gesunde Einstellung zum Humor!   118

WOHLSTANDSGESETZ

Mer muss och jünne könne
Sei weder neidisch noch missgünstig!   119

NOTSTANDSGESETZ

Et hät noch schlemmer kumme künne
Falls Artikel 3 einmal nicht zutreffen sollte   122

Textnachweise   123
Register   124

Das Rheinische Grundgesetz und Pamela

Meiner Frau Pamela widme ich dieses Buch. Sie ist Kölnerin. Das ist die Steigung von Rheinländerin. Ich bin Sauerländer. Das ist die Steigerung von Westfale. »Et kütt wie et kütt«, sagt der Rheinländer, und so steht es schon geschrieben im Rheinischen Grundgesetz. Also sind wir beide ein multikulturelles Paar, wobei die Kinder fast schon wie selbstverständlich im Severinsviertel, dem Herzen Kölns, das Licht der Welt erblickten. Und so kommt es, dass ihr Vater, der Westfale, nun auch schon fast ein Vierteljahrhundert mit großem Vergnügen und stetiger journalistischer Neugier im Rheinland lebt.

Ich fühlte mich also sehr geehrt, als ich gefragt wurde, ob ich als Imi (lat. imitari – nachgemacht) über meine Wahlheimat schreiben möchte. Ich sagte zu – und schon fing die Grübelei an. Wie mache ich es denn nur? Dieses Rheinland ist eine Riesenfläche allein schon auf der nordrhein-westfälischen Landkarte und darüber hinaus. Ich habe mich zuallererst für die Menschen entschieden. Die Geschichten über große und kleine Persönlichkeiten, über originelle, liebenswerte, außergewöhnliche Menschen von heute und gestern, die im Rheinland leben oder lebten, die Geschichte geschrieben haben oder sie neu schreiben, sie sollen nicht nur, sie müssen in diese »Heimatkunde«.

Aber bitte wie? Und nach welchem Strickmuster? Da

hatte meine Kölner Ehefrau eine prima Idee: »Nimm doch einfach das Rheinische Grundgesetz! Das war immer schon der beste Leitfaden!«

Ein guter Einfall.

Das Rheinische Grundgesetz ist wohl so alt wie die Zehn Gebote. Behaupten die einen. Stimmt nicht, sagen die anderen. Beide haben recht. Rheinische Lebensweisheiten wie »Leben und leben lassen«, »Et kütt wie et kütt« oder »Et hät noch immer jot jejange« hat es immer schon gegeben. Aber sie wurden nie in Stein gemeißelt. Schließlich möchten sich Rheinländer nie festlegen, und von unnötigen Vorschriften halten sie sowieso nichts.

Da musste erst ein Südtiroler kommen, der ein wenig Ordnung in das rheinische Allerlei brachte: Konrad Beikircher, erst Psychologe im Knast von Siegburg, dann erfolgreicher Kabarettist mit »mediterranem Dauerwohnsitz« in Bad Godesberg, hatte die geniale Idee, all die schönen rheinischen Lebensweisheiten umzusetzen ins *Rheinische Grundgesetz.*

»Es regelt seit Anbeginn der Zeiten das Leben auf diesem von Gott bevorzugten Fleckchen Erde, macht es schwerelos leicht und wäre überhaupt eine Anregung für alle Völker der Erde«, sagt Konrad Beikircher voller Überzeugung. Er und andere namhafte Kabarettisten vom Rhein kommen auch in diesem Buch vor. Es ist die Elite der Heimathirsche.

Aus dem »Rheinischen« machten die Kölner sofort ihr »Kölsches Grundgesetz«, wobei die Reihenfolge und die Inhalte der Paragraphen unterschiedlich gehandhabt wird. Frei nach dem Motto: »Dä eine säht su, dä andere esu!«

Wer jedenfalls auf dem Flughafen in Köln/Bonn landet und

Rheinländer ist, empfindet stets ein überwältigendes Heimat-jeföhl: Auf dem Weg in die Gepäckausgabe findet sich das *Rheinische Grundgesetz* nämlich in großen Lettern an den Wänden verewigt. So was gibt's auf der ganzen Welt kein zweites Mal. Wenn du das liest, bist du wieder zu Hause!

Das »Rheinische Grundgesetz« ist ein in jeder Situation unmittelbar geltendes Gewohnheitsrecht in je nach Situation wechselnder Ausprägung. Es spiegelt die Lebensart der Rhein-länder wider und das menschenfreundliche Gottvertrauen ihres anarchistischen Katholizismus jedweder Konfession, ein-schließlich der atheistischen Religion. Stammt nicht von mir. Ist aber auf den Punkt gebracht.

Geschrieben hat das der inzwischen verstorbene Jurist Theo Wilms. Seine Heimat ist das Dörfchen Houverath bei Erkelenz, wo sein Vater einmal die Dorfkneipe hatte, die schon über ein Jahrzehnt leer stand. Wilms wollte sie nach seiner Pensionierung persönlich wiederbeleben: als »Dorf-bar« mit dem »obersten Gebot, dass jeder mit jedem redet«. Was im Rheinland ja eine Selbstverständlichkeit ist.

Elf Artikel hat das Rheinische Grundgesetz, weil die Elf eine heilige Zahl ist, schon wegen des Karnevals. Der beginnt im katholischen Rheinland immer am 11.11. um 11.11 Uhr. Wenn der Zeiger auf elf und damit auf »kurz vor zwölf« steht, ist das immer ein Zeichen von Vergänglichkeit – will sagen: Wat fott es, es fott! Also muss man die Zeit nutzen und noch mal kräftig loslegen! Schließlich überschreitet die Elf die Zehn Gebote: Sie steht deshalb auch für Sünde und Übertretung, für das Ausbrechen aus einem geschlossenen System. Es wird geschunkelt und gebützt, geflirtet und mehr!

In den aidslosen Zeiten, wo das neun Monate nach der Karnevalssession noch Früchte trug, bekam der rheinische Begriff »Fisternöllchen« seine wahre Bedeutung: »visite à Noël« – »Besuch zu Weihnachten«. Sprachlich abgeleitet – wie so vieles im Rheinland – aus dem Französischen.

Apropos Frankreich: Andere sagen, die Elf sei eine Hommage an die Ideale der Französischen Revolution: Egalité (Gleichheit), Liberté (Freiheit) und Fraternité (Brüderlichkeit). Die drei Anfangsbuchstaben der drei Begriffe, E, L und F, bilden die Elf.

Theo Wilms, der Jurist und leidenschaftliche Rheinländer, sah es rheinisch-katholisch und fachmännisch zugleich: Die elf Artikel des Rheinischen Grundgesetzes gibt es wohl auch wegen der elf Kölner Jungfrauen. Aber vor den elf Paragraphen gibt es noch die Generalklausel der Präambel und – um ganz sicherzugehen – hintendrauf noch ein Wohlstands- und ein Notstandsgesetz.

Doch das Herausragendste ist die Präambel. Wie sehr sie die deutsche Nachkriegsdemokratie, die ja am Rhein geschaffen wurde, geprägt hat und bis heute kennzeichnet, wird in diesem Buch deutlich. Die Präambel besteht aus nur einem kurzen Satz, der rheinischer nicht sein kann. Er lautet:

Jede Jeck es anders – Alle Menschen sind gleich.

Jede Jeck es anders
Alle Menschen sind gleich

Es ist kurz vor Weihnachten, und es geht im Rheinland nach dem 11. 11. mit schnellen Schritten auf Karneval zu. Bruno Praß, mittelgroß, verschmitztes Gesicht, blondes Haar, Brille, steht wie jeden Morgen um fünf auf. Um sieben Uhr ist er in der Schule. Ein paar Stunden später probt der Lehrer mit seiner Klasse ein kölsches Lied. Es ist kein Weihnachtslied, aber es passt zu der Botschaft von Bethlehem: »Friede auf Erden den Menschen, die guten Willens sind.«

Doch an Weihnachten denkt an diesem Morgen in dem roten Backsteingebäude in der Kölner Südstadt, wo gleich um die Ecke der Schriftsteller und Nobelpreisträger Heinrich Böll und die Kölsch-Rock-Legende Wolfgang Niedecken geboren wurden, niemand. Die Kinder der Katholischen Grundschule Zugweg, an der Bruno Praß seit vielen Jahren Rektor ist, möchten »ihr« Lied für den Karneval einstudieren. Bruno, ein leidenschaftlicher Lehrer mit »vill Hätz« fürs rheinische Brauchtum, hat die Texte an die Klasse verteilt und greift gut gelaunt zur Gitarre. Dann stimmt er mit deutschen, türkischen, italienischen, spanischen, griechischen und iranischen Kindern die erste Strophe an. Der Sing-Sang klingt lustig, und einige Kinder lachen sich halb schlapp über sich selbst, weil für die meisten die »kölsche Sproch« doch noch ein wenig exotisch ist und dementsprechend holprig klingt.

Ich ben us Palermo, braat Spaghettis für üch met.
Un ich – ich wor ne Pimock, hück laach ich met üch met.
Ich ben Grieche, Türke, Jude, Moslem un Buddhist,
Mir all, mir sin nur Minsche, vür'm Herjott simmer glich!

Es ist die zweite Strophe aus dem Lied *Unsere Stammbaum*, das als die *eine* Hymne für *alle* Nationalitäten und Nationen, für *alle* Religionen und *alle* Religionslosen, die zusammen am Rhein leben, in die Geschichte eingehen wird. Komponiert und getextet von den Bläck Fööss, der Kultband aus der Kölner Südstadt. Der Song entstand in der guten Absicht, jeden Menschen so zu nehmen wie er ist – getreu dem Rheinischen Grundgesetz: *Jede Jeck es anders.* – Alle Menschen sind gleich! Den Refrain singt heute jeder Rheinländer auswendig:

Su simmer all he hinjekumme,
Mir sprechen hück all dieselve Sproch.
Mir han dodurch su vill jewonne.
Mir sin wie mer sin, mir Jecke am Rhing.
Dat es jet, wo mer stolz drop sin.

Dass die Bläck Fööss damit eines der kostbarsten Lehrmittel für Rheinische Schulen geliefert haben, berührt auch BAP-Ikone Wolfgang Niedecken: »Mein absolutes Lieblingslied der Fööss«, lobte er die Band bei deren vierzigjährigem Jubiläumskonzert vor ein paar Tausend Fans am Kölner Dom. Das war nicht einfach so dahergeredet. Niedecken hatte Tränen in den Augen.

Kölner Künstler wie die Bläck Fööss oder BAP demonstrierten deshalb schon in den neunziger Jahren gegen Fremdenfeindlichkeit und Rassismus.

Legendär ist ihr Konzert *Arch huh – Zäng ussenander!* im November 1992 auf dem Chlodwigplatz in der Kölner Südstadt. Übersetzt hieß die Aufforderung: Den Hintern hochnehmen – und die Zähne auseinanderkriegen! Also den Mund aufmachen, nicht wegsehen. So lautete die unmissverständliche Ansage, die ich nie vergessen werde. Ein Zeichen wollten die Kölner Künstler setzen. Im Spätsommer desselben Jahres hatten fremdenfeindliche Ausschreitungen in Deutschland bedrohliche Ausmaße angenommen. Die Gräueltaten gipfelten in einem Brandanschlag: 1993 kamen in Solingen fünf türkische Frauen und Mädchen in den Flammen um.

Ich war an dem Novemberabend als Radioreporter auf den Zinnen der wuchtigen Severins-Torburg, dem alten Stadttor in der Kölner Südstadt. »Was sich hier abspielt, ist unglaublich und wohl einmalig in Deutschland«, begann ich wie gebannt. »Ich schaue auf den Chlodwigplatz, wo trotz der Novemberkälte immer mehr Menschen hinströmen und dicht gedrängt zusammenstehen … und es werden immer mehr! Der Platz ist viel zu klein …«

Mit drei- bis viertausend Menschen hatten die Veranstalter gerechnet. Am Ende waren es sage und schreibe hunderttausend, die weit bis in die Bonner Straße stadtauswärts standen.

Einer der prominentesten Künstler, der auf der Bühne am Fuße des Stadttores auftritt, ist Wolfgang Niedecken. Seine

Eltern hatten früher direkt an der Torburg einen Lebensmittelladen.

Fast zwei Jahrzehnte nach *Arsch huh* treffe ich den BAP-Gründer kurz vor seinem (und meinem) sechzigsten Geburtstag im Funkhaus-Restaurant am Kölner Wallrafplatz. Wir klönen lange. Ich frage ihn: »Wenn du heute als Lehrer Heimatkunde für Kinder unterrichten solltest, was würde auf keinen Fall fehlen?«

Niedecken antwortet spontan: »Ich würde mit ihnen Zuckmayers Definition des Rheinländers und den Monolog des Harras aus *Des Teufels General* durchnehmen. Da steht alles drin!«

Carl Zuckmayer, geboren in Nackenheim bei Mainz, war mit Ernst Udet, einem Fliegerass, befreundet. 1941 verunglückte der zum Idol aufgestiegene Udet unter mysteriösen Umständen. In seinem weltbekannten Theaterstück *Des Teufels General* verewigt Zuckmayer den zum Luftwaffengeneral aufgestiegenen Udet. Die Szene spielt zu nächtlicher Stunde: General Harras sitzt mit dem Fliegerleutnant Hartmann zusammen. Manches Glas haben die beiden schon leer getrunken. Hartmann hat Liebeskummer, Fräulein von Mohrungen hat die Verlobung mit ihm gelöst.

Harras So. Hm. Warum denn?
Hartmann (stockend, aber immer im Ton eines militärischen Rapports) Wegen einer Unklarheit in meinem Stammbaum, Herr General. Meine Familie kommt nämlich vom Rhein. Mein Vater und Großvater waren Linienoffiziere – es besteht kein Verdacht einer jüdischen Blutmischung. Aber – eine mei-

ner Urgroßmütter scheint vom Ausland gekommen zu sein. Man hat das öfters in rheinischen Familien. Sie ist unbestimmbar. Die Papiere sind einfach nicht aufzufinden.

Harras (*hat sich auf die Lippen gebissen, brummt vor sich hin*) So so. Daran liegt's. Da läuft so ein armer Junge mit einer unbestimmbaren Urgroßmutter herum. (*In aufsteigender Wut*) Na, und was wissen Sie denn über die Seitensprünge der Frau Urgroßmutter? Die hat doch sicher keinen Ariernachweis verlangt. Oder – sind Sie womöglich gar ein Abkömmling von jenem Kreuzritter Hartmann, der in Jerusalem in eine Weinfirma eingeheiratet hat?

Hartmann (*sachlich*) So weit greift die Rassenforschung nicht zurück, Herr General.

Harras Monolog Muß sie aber! Muß sie! Wenn schon – denn schon! Denken Sie doch – was kann da nicht alles vorgekommen sein in einer alten Familie:

Vom Rhein – noch dazu. Vom Rhein. Von der großen Völkermühle. Von der Kelter Europas! (*Ruhiger*) Und jetzt stellen Sie sich doch mal Ihre Ahnenreihe vor – seit Christi Geburt. Da war ein römischer Feldhauptmann, ein schwarzer Kerl, braun wie ne reife Olive, der hat einem blonden Mädchen Latein beigebracht. Und dann kam ein jüdischer Gewürzhändler in die Familie, das war ein ernster Mensch, der ist noch vor der Heirat Christ geworden und hat die katholische Haustradition begründet. Und dann kam ein griechischer Arzt dazu, oder ein keltischer Legionär, ein Graubündner Landsknecht, ein schwedischer Reiter, ein Soldat Napoleons, ein desertierter Kosak, ein Schwarzwälder Flözer, ein wandernder Müllerbursch vom Elsaß, ein dicker Schiffer aus Holland, ein Magyar, ein Pandur,

ein Offizier aus Wien, ein französischer Schauspieler, ein böh-
mischer Musikant – das hat alles am Rhein gelebt, gerauft, ge-
soffen und gesungen und Kinder gezeugt – und – und der der
Goethe, der kam aus demselben Topf, und der Beethoven und
der Gutenberg, und der Matthias Grünewald und – ach was,
schau im Lexikon nach. Es waren die Besten, mein Lieber!
Die Besten der Welt! Und warum? Weil sich die Völker dort
vermischt haben. Vermischt – wie die Wasser aus Quellen und
Bächen und Flüssen, damit sie zu einem großen, lebendigen
Strom zusammenrinnen. Vom Rhein – das heißt: vom Abend-
land. Das ist natürlicher Adel. Das ist Rasse. Seien Sie stolz
darauf, Hartmann – und hängen Sie die Papiere Ihrer Groß-
mutter in den Abtritt. Prost.

Zuckmayers *Des Teufels General* ist vor der Gründung der
Bundesrepublik 1949 in Bonn eines der meistgespielten Stü-
cke auf deutschen Bühnen.

1948 trifft sich unweit von Bonn in einem Biergarten in
Bad Godesberg eine außergewöhnliche Runde – Sie sitzt an
einem schönen Spätsommertag unter der Linde vor dem
alten Gasthof am Rhein. Die Männer und Frauen haben
diesen Platz nicht einfach so gewählt. Der Blick ist Rheinromantik pur. Gegenüber liegt das Siebengebirge mit Petersberg, Drachenfels und Drachenburg. Schiffe dümpeln über
den Strom. Die Temperaturen sind angenehm. Ein kühler
Wein und gutes Essen werden serviert. Auch Politik geht
durch den Magen.

Es ist der 5. September 1948, wo im Schaumburger Hof
in Bad Godesberg deutsche Geschichte geschrieben wird:

Die hier tagen, sind gewählte Männer und Frauen aus dem Parlamentarischen Rat. Der hatte sich erst wenige Tage vorher in Bonn gegründet, um dem neuen Staat nach dem Krieg eine Verfassung zu geben.

Sie haben sich eines der schönsten Fleckchen Erde ausgesucht, dass den Krieg überstand: den Schaumburger Hof – 1755 am Rheinufer aus schwarz-weißem Fachwerk erbaut und bis heute so erhalten. Zuerst hieß der Gasthof Unter den Linden. 1900 wurde er umbenannt zu Ehren des Prinzen Adolf zu Schaumburg-Lippe, der während seiner Dienstzeit beim Bonner Husarenregiment hier oft an der Theke gestanden hatte. Der Prinz, auch ein Imi, stammte aus Bückeburg. Er bewohnte mit seiner Gemahlin, der Kaisertochter Wilhelmine Viktoria von Preußen, einen der schönsten Bonner Prachtbauten: das nach ihm benannte Palais Schaumburg, lange der gesellschaftliche Mittelpunkt der Stadt Bonn, das später Weltberühmtheit erlangte, als es Sitz des ersten deutschen Bundeskanzlers Konrad Adenauer wurde.

Der Schaumburger Hof ist der älteste Gasthof von Bad Godesberg, einer der ältesten Traditionsgasthöfe im Rheinland und schon wegen seiner einmaligen Lage wohl eine der schönsten Kneipen der Welt: Unter den Linden bei blauem Himmel und einem lauen Lüftchen im Biergarten sitzen, den Klassiker – Himmel un Äd – essen und dazu ein lecker Kölsch trinken, auf den Rhein und die Sieben Berge blicken, den Schiffen, den Fahrradfahrern, den Skatern und Spaziergängern auf dem Uferweg zuschauen und einfach nur durchatmen. Das reicht. Nach nicht enden wollenden Wintermonaten, wenn in Bad Godesberg schon Frühling ist und im Sauerland noch Schnee liegt, zieht es die Menschen geradezu sehnsüchtig zum Schaumburger Hof. Das war immer schon so, wenn auch in den Anfangsjahren aus der ehemaligen Schifferkneipe zunächst einmal ein Lokal für die besseren Bonner Kreise wurde. Die Professoren und Studenten der 1818 gegründeten Universität zog es in Scharen zum Ausflug und Umtrunk nach Plittersdorf. Einer von ihnen war der Student Heinrich Heine, einer der großen deutschen Dichter des neunzehnten Jahrhunderts. Die *Godesberger Heimatblätter* berichteten: *Heinrich Heine, der auf dem Heimweg nach Bonn von einer in Oberkassel am Rhein vorbeiziehenden Prozession zu dem Gedicht »Die Wallfahrt nach Kevelaer« inspiriert worden war und in dem 1826 erschienenen Buch »La Grand« mit der »lindenbestandenen Terrasse, den von dem schönen Abendrot bestrahlten Sieben Bergen, dem blauen Rhein, den weißen Kähnen und dem verhallenden Abendgeläute von Königswinter, bei dem der Rhein leiser murmelte«, Plittersdorfer Impressionen verarbeitet hatte, fand viele Nachfolger.*

In der Tat: Die Dichter und Denker, die Künstler, die Politiker und der Adel, alle trafen sich vor oder in der Kneipe am Rhein: Beethoven, Verdi, Heine, Alexander von Humboldt, Freiligrath, Adenauer. Auf der Bank unter der Linde flirtete die englische Queen Victoria mit dem in Bonn studierenden Prinz Albert von Sachsen-Coburg-Gotha 1839 so erfolgreich, dass die beiden schon ein Jahr später heirateten und später noch mal an den Ort ihrer ersten Romanze zurückkehrten.

Heinrich Heine schrieb 1852/53 eines seiner letzten Gedichte in der »Matratzengruft« in Paris voller Wehmut über die alte Linden-Schenke in Godesberg, wo er als Student so gerne war:

Mir lodert und wogt im Hirn eine Flut
Von Wäldern, Bergen und Flure
Aus dem tollen Wust tritt endlich hervor
Ein Bild mit festen Konturen
Das Städtchen, das mir im Sinne schwebt
Ist Godesberg ich denke
Dort wieder unter dem Lindenbaum
Sitz ich vor der alten Schenke.

Heine hat es hier gefallen. Den Männern aus dem Parlamentarischen Rat auch. Sie besprachen das vorläufige Grundgesetz nicht hinter dicken Wänden, sondern unter freiem Himmel vor der alten Schänke in einer gastfreundlichen Atmosphäre, die bis heute anhält. Sie schauten über den Rhein hinüber nach Oberdollendorf auf den nördlichsten Weinberg Deutschlands, blickten hoch zum Petersberg und Drachenfels, auf die vorbeifahrenden Schiffe, sie tranken selbst ein Gläschen und ließen ihren Beratungen unter der Linde freien Lauf

Dass Bonn Bundeshauptstadt wurde, hat wohl nicht zuletzt mit der besonderen Atmosphäre dieses Gasthofs und seiner landschaftlich wunderschönen Lage am Rhein zu tun. Darauf deutet eine Eintragung in das Gästebuch des Schaumburger Hofs vom früheren Staatssekretär Hermann Wandersleb hin. Er schrieb:

Wenn den harten Hauptstadtstreit
Godesberg und Bonn gewann
und gebaut wird weit und breit,
dies Haus hat seinen Teil daran.

Wandersleb musste es wissen. Er hatte sich als Chef der Staatskanzlei des neu gebildeten Landes Nordrhein-Westfalen erfolgreich dafür eingesetzt, dass Bonn zunächst Tagungsort des Parlamentarischen Rates und dann Sitz der Bundesorgane wurde. Dafür verpasste ihm der Bischof von Fulda den Spitznamen »Bonnifacius«, Bonn-Macher.

Der Schaumburger Hof ist nicht irgendein Gasthof in Deutschland. Leute wie Harald Schmidt, Oliver Welke, Wolfgang Clement oder Norbert Blüm kommen regelmäßig.

Blüm, der ehemalige Arbeits- und Sozialminister, lebt auch fast zwei Jahrzehnte nach dem Berlin-Umzug immer noch in Bonn: »Inmitten eines liebevollen Menschenschlags: offen, tolerant und fröhlich.«

Also treffe ich mich mit ihm bei strahlend blauem Himmel unter der Linde. Blüm – gut gelaunt, braune Cordhose, Jacke, offenes Hemd, Schlägermütze – bestellt sich erst einmal eine Weißweinschorle, danach Würstchen mit Kartoffelsalat. Dann gerät er ins Schwärmen beim Gedanken an die »Bonner Republik« und an die Männer der ersten Stunde, die, so seine feste Überzeugung, vom »Credo der Rheinländer« überzeugt waren, nämlich: »Leben und leben lassen.« Auf nichts anderes baue das Grundgesetz auf: »Es ist die schönste Verfassung, die hier beraten wurde, weil sie mit dem schönsten Satz beginnt: *Die Würde des Menschen ist unantastbar*«, sagt Blüm mit leiser, aber klangvoller Stimme in der strahlenden Mittagssonne vorm Schaumburger Hof.

Dann nimmt er genüsslich einen Schluck von seiner Weißweinschorle, schaut auf den Rhein und vertieft seinen Gedanken: »Die Verfassung spricht von der Würde des Menschen und nicht von der Würde des Staates.«

Am 23. Mai 1949 wurde in Bonn das Grundgesetz unterzeichnet. Der »schönste Satz« steht ganz vorn und lautet: *Die Würde des Menschen ist unantastbar. Sie zu achten und zu schützen ist Verpflichtung aller staatlichen Gewalt … Alle Menschen sind vor dem Gesetz gleich.*

Nichts anderes sagt der Rheinländer: Jede Jeck es anders. – Alle Menschen sind gleich. Leben und leben lassen.

Prost!

Et es wie et es
Sieh den Tatsachen ins Auge!

Rheinländer interpretieren diese Feststellung unbekümmert: sich um Himmels willen nicht verrückt machen, was morgen alles so sein könnte. Das Leben nehmen, wie es ist, am besten genießen und lieber heute erst mal einen trinken ...

Wenn Jürgen Becker, einer der gewieftesten Kölner Kabarettisten, auf der Bühne steht, erzählt er gern den Unterschied zwischen Rheinländern und Westfalen, die ja 1946 von der britischen Militärregierung durch die Gründung von Nordrhein-Westfalen zur Zwangsehe verdonnert wurden und heute im größten deutschen Bundesland nach dem Motto leben: Es ist schrecklich – aber es geht.

Becker dazu: »Der Westfale fragt morgens pflichtbewusst nach dem Aufstehen: ›Was ist heute zu tun?‹ Der Rheinländer steht auf und fragt: ›Wo jon mer hück Ovend hin?‹« So ist das im Rheinland. Lieber dem Frohsinn frönen. Reden, lachen – nä, wat hammer alle Späßche!

Vor allem in Köln ist das so. Und schon deshalb ist Köln weltberühmt. Die Stadt hat ja alles: den Dom und trotzdem Spaß. Der niederländische Maler Peter Paul Rubens, der im sechzehnten Jahrhundert zehn seiner Lebensjahre in Köln verbrachte, soll einmal gesagt haben: »Es ist wie ein Bazillus, der jeden Menschen befällt, sobald er eines der Stadttore durchschreitet. Nur eine halbe Nacht in diesem Coellen – und du siehst das Leben und die Welt anders, leichter ... wie mit den scheinbar trägen Wellen des Rheinstromes schwingend.«

Dennoch nervt den Kölner im Unterbewusstsein, dass er in der jüngsten Geschichte mindestens zweimal das Nachsehen hatte: zum ersten Mal im besagten Jahr 1946, als das benachbarte Düsseldorf zur Landeshauptstadt des Bindestrichlandes Nordrhein-Westfalen wurde, womit denn auch die bis heute bestehende Rivalität der beiden Diven am Rhein jedenfalls in etwa erklärt ist. Dann, 1949, als die Bewerbung zur Bundeshauptstadt im geteilten Deutschland zugunsten von Bonn, dem südlichen Nachbarn, entschieden wurde. Aber mit Bonn, seit 1597 Residenzstadt des Kölner Kurfürsten, hatte Köln ja nie Theater. Anders als mit Düsseldorf. Schon der damalige Kölner Oberbürgermeister Konrad Adenauer sorgte dafür, dass die erste schnelle Straßenverbindung erst mal von Köln nach Bonn und nicht nach Düsseldorf gebaut wurde.

»So werden die Straßen der Zukunft aussehen«, sagte Adenauer, als er am 6. August 1932 im Süden der Domstadt die neue, zwanzig Kilometer lange Straße nach Bonn eröffnete – sie gilt heute als die erste Autobahn Deutschlands. Damals hieß sie zwar offiziell noch Kraftwagenstraße, und einen Mittelstreifen gab es auch noch nicht. Dafür hatte sie aber zwei Bahnen pro Fahrtrichtung und war auf der kompletten Länge kreuzungsfrei.

Bonn hin – Düsseldorf her: Köln ist die Hauptstadt des rheinischen Frohsinns, daran ist nicht zu rütteln. In Köln leben die »Weltmeister vom Rhing« – sie fühlen sich zumindest so. Ich möchte wissen, warum das so ist, und bemühe einen weiteren Kabarettisten: Es ist Richard Rogler, gebürtiger Oberfranke, der einst mit Dieter Hildebrandt und der Satiresendung *Scheibenwischer* die besten Zuschauerquoten holte und seit vielen Jahren leidenschaftlicher Wahl-Kölner ist.

Wir sitzen zusammen beim Stüsser an der Theke. Das ist eine kölsche Traditionskneipe im Agnesviertel auf der Neusser Straße – Roglers Lieblingspinte. »Als ich im Jahre 1974 nach Köln zog, erlebte ich einen positiven Kulturschock. Es war Karneval. Hinter dem Tresen der Bank stand ein als Bankräuber verkleideter Angestellter, in der Straßenbahn saßen Clowns, Hasen und Kappesköppe«, beginnt er seine Geschichte, wie er aus Franken ins »hillije Kölle« kam und den Tatsachen ins Auge blickte. Rogler setzt jetzt ein verschmitztes Lächeln auf, streift sich mit der Hand durch seine blonden Haare, nimmt einen Schluck Kölsch, bevor er weiterredet:

»Und unter Rheinländern bleibt man nicht lange allein. Als Neukölner ging ich am ersten Sonntag essen. Zum Pietsch in der Kleinen Telegraphenstraße. Sauerbraten vom Päd mit Kartoffeln und Rotkohl. Der Kellner will mich ›Imi‹ testen. Stellt das Gericht hin, schneidet sich ein Stück Fleisch ab und sagt: ›Isch muss jo schließlich wisse, ob dat jot es, wat isch servieren tu.‹ Da war er bei mir an der richtigen Adresse. Ich sag: ›Dann essen Sie mal in aller Ruhe auf – ich kellnere solange!‹ – Nehme ihm das Tablett ab und ziehe mit den Getränken zu den Nachbartischen. Schon hatte ich den ersten ›Freund‹. Da dachte ich: Hier bist du richtig. War ich auch – und das trifft beinahe vierzig Jahre danach immer noch zu.

Ich mochte schon immer Leute mit subtilem Humor. Und da ist der Rheinländer eine Alltagsmedizin. Wenn die Bläck Fööss singen *Wir sind die Weltmeister vom Rhing*, dann wissen sie ganz genau, welche Art von Weltmeister der Kölner ist. Nämlich der berühmte Zweite. Aber dadurch immer noch der Erste, weil es den Besten niemals gibt. Das ist rheinische Volksphilosophie. Sehr angenehm.«

»Und sonst? Gibt's nix zu meckern?«, möchte ich wissen und bestelle zwei Kölsch. Der Köbes hinter der Theke zapft sofort los, aber ich merke: Er ist gespannt, was Rogler jetzt wohl antwortet. Der zögert nicht lange. »Sagen wir es so: Zuweilen ist der Kölner allerdings auch Erster. Weiß entweder keiner, oder es will keiner wissen. Es hält sich hartnäckig die Mär, der Kölner wäre in der Nazi-Zeit der schwer zu infizierende Liberale gewesen. Als Vorzeigekandidat wird im Zweifelsfall Konrad Adenauer, ›der Alte‹, ins Spiel gebracht. Dem ist leider nicht so. In Köln waren die ›besten‹ Verwaltungsjuristen und Ordnungsbeamten am Werk, um schon vor der Gesetzgebung durch den Reichstag den Juden ihre wirtschaftliche Existenz zu entziehen. Durch kommunale Verordnungen. Da waren sie in Deutschland Erste. Hört so recht niemand gern. Ävver wat wohr es, moot wohr blieve!«

Dann erzählt mir Rogler, wie seine Karriere begann – nämlich in Köln mit dem zeitkritischen Kinder- und Jugendtheater *Ömmes & Eumel*. Ich liebe diese rheinischen Kabarettisten, mit denen man bis tief in die Nacht über Gott und die Welt reden kann, und wenn man Glück hat, am nächsten Morgen auch noch weiß, worüber man geredet hat. Jochen

Busse, eigentlich Sauerländer, war jahrelang auch einer von ihnen. Rudi Carrell hatte ihn für seinen TV-Dauerbrenner *Sieben Tage – Sieben Köpfe* zu RTL nach Köln geholt. Busse lebte vorher im noblen München. Wir lernten uns kurz nach seinem Umzug im *MonTalk* kennen – bis heute eine der erfolgreichsten Radio-Talkshows in Deutschland.

Nach der Sendung sind wir vom Funkhaus am Wallrafplatz in die Keule in die Altstadt gegangen. Das war jahrelang *der* Treff in Köln für Künstler, Promis, Medienleute und Politiker. Christian Hoffmann, der Wirt der Keule, war ein Genie und Fuchs zugleich. Er verstand es wie kein anderer Wirt in Köln, Menschen unterschiedlicher Couleur auf charmante Art am Biertisch zusammenzubringen. »Ben Wisch«, wie der SPD-Politiker Hans-Jürgen Wischnewski liebevoll gerufen wurde, plauderte hier gleichermaßen mit unbekannten Keipengängern und der kölschen Prominenz. Das Schaupieler-Ehepaar Lotti Krekel und Ernst H. Hilbich oder den Komiker Hans Süper vom Colonia Duett, Kölns größter Clown aller Zeiten, sah man mit ihm am Stammtisch. Die Keule war über viele Jahre berühmt in Deutschland. Schade, dass die Brauerei den Fuchs Christian nicht hat weitermachen lassen. Köln fehlt was.

In der Keule lernte ich an diesem Abend Jochen Busse noch ein Stück näher kennen als in der Sendung. Hier trafen sich zwei Sauerländer auf rheinischem Boden; er aus Iserlohn, ich aus Heggen. Wir wurden per Du und im Laufe seiner Kölner Jahre gute Freunde. Inzwischen lebt Busse in Berlin. Seinen Wechsel von München ins Rheinland hat er bis heute nicht bereut. Ich wollte für dieses Buch wissen, warum, und bat ihn zu berichten, wie das so war. Ich bekam ganz flink eine E-Mail.

»*Wohin willst du?*«

»*Von wollen kann in dem Sinne die Rede nicht sein, ich muss nach Köln!*«

»*Köln, ehrlich? Also, wenn ich nicht an München gebunden wäre, heute lieber als morgen nach Köln. Du bist zu beneiden.*«

Dieser Ausschnitt aus einem Dialog, der auf dem Flur des Bayerischen Rundfunks an irgendeinem Abend im Jahre 1993 geführt wurde, trug dazu bei, dass ich mich auf die rheinische Metropole, die Hochburg der Toleranz und des Karnevals – etwas, was sich letztlich gegeneinander aufhebt –, voller Erwartung gefreut habe. Im Mai war ich da. Nun, sagen wir mal so, schön, also schön in der Bedeutung, dass das Auge wohlgefällig auf dem Stadtbilde ruhen könnte, ist Köln nicht. Jemand, der da schon länger lebte, hat es mal zusammengefasst: Köln sieht aus wie andere Städte von hinten. Aber die Leute! So gemütlich und vor allem tolerant. Nirgends auf der Welt ist man in einer Millionenstadt weniger einsam als nach Feierabend in einer Kneipe in Köln.

Nirgendwo in Deutschland ist feiern so wichtig wie in Köln und nirgendwo wird Wichtiges so gefeiert. Nirgendwo sind die Ampelphasen so lang und die Baustellen so dauerhaft. Nirgendwo hatte ich so nette Nachbarn, eine so schöne Wohnung, eine so kompetente Buchhandlung, so viele italienische Restaurants, so viele Erfolge und summa summarum so viel Glücksmomente wie in Köln.

Nun, in Berlin hat Jochen Busse es nicht weit, wenn ihn

das Heimweh quält: Das Rheinland ist in der Hauptstadt zum Greifen nah! Mit einer eigenen Ständigen Vertretung, der sogenannten StäV – benannt nach dem Original, als die Bundesrepublik zu DDR-Zeiten in Ost-Berlin noch eine Ständige Vertretung hatte.

In der StäV, der Bonner Nostalgiekneipe im Berliner Regierungsviertel, redet jeder mit jedem, und zwar ohne Hemmungen – ganz wie im Rheinland. Deswegen ist hier auch immer was los. Es ist eine der angesagten Kneipen in Berlin, direkt an der Spree gelegen, und die verbindet die StäV mit dem Reichstag und dem Kanzleramt in unmittelbarer Nachbarschaft. »Ein Versöhnungsort der alten Hauptstadt Bonn mit der neuen Hauptstadt Berlin«, wie es der frühere Kanzler Gerhard Schröder einmal ausdrückte. Eine Art rheinisches Brauhaus, geführt nach dem urrheinischen Motto: »Wenn wir schon leben müssen, dann wenigstens gut!« In keiner anderen Berliner Kneipe wird so viel Kölsch getrunken wie in der StäV. Politiker werden hier nicht wichtig genommen. Sie kommen sowieso jeden Tag.

Jürgen Becker, der Kabarettist aus Köln, war selbstverständlich auch schon da. Es gibt ein Foto, das zeigt ihn mit dem damaligen stellvertretenden Ministerpräsidenten von Nordrhein-Westfalen, dem Grünen Michael Vesper und den beiden Wirten Friedel Drautzburg und Harald Grunert, am Pinkelbecken. Vielleicht ist ja dort Beckers Betrachtung *Das Phänomen STäV* entstanden.

Wer für sechzig Minuten an der Theke der StäV steht, hat das, was jeder Schüler kennt: eine Vertretungsstunde. Der Unterschied: In der Ständigen Vertretung lernt man etwas.

Zumindest, wenn man Friedel Drautzburg in Redelaune erwischt: »Der Rheinländer hat nicht an der Tapete jeschlafen, der weiß, wie Regierungsviertel jeht!«

Die Berliner waren ja ahnungslos, als sie plötzlich Regierungssitz wurden. Da hatten Grunert und Drautzburg als Bonner Szenewirte mit ihrem Know-how natürlich einen Wettbewerbsvorteil, und daraus machten sie eine Erfolgsgeschichte. Das war selten in der preußisch-rheinischen Geschichte, haben doch zuvor stets die Preußen den Rheinländern gezeigt, wo es langgeht – von der Verwaltung über die Rheinromantik bis zur Vollendung des Kölner Doms! Ohne die Preußen wäre das Ding heute noch eine Baustelle.

Insofern ist die Flucherei vieler Wessis und Rheinländer über die Ossis, die fünf faulen Länder, historischer Unsinn. Die Faulheit war traditionell im Rheinland zu Hause. Wer hat denn vor über vierzig Jahren in nur wenigen Stunden eine halbe Stadt zugemauert? Die protestantischen Preußen in Berlin! Die Kölner haben für eine einzige Kirche, den Dom, über 600 Jahre gebraucht. So viel ist klar: Die Rheinländer hätten die Mauer niemals eingerissen – die wär noch gar nicht fertig! Das ausgerechnet das Wahrzeichen Kölns nur mit preußischer Hilfe zustande kam, ist eine innere Schmach, die erst mit der Gründung der StäV erträglich wurde. Endlich konnten die Rheinländer mal etwas besser als die Preußen: Kölsch zapfen an der Spräy! Et hät noch emmer jot jejange!

Die StäV ist eine Kneipe mit vielen historischen Reminiszenzen an die rheinische Zeit. Unvergessen sind die Bilder, wie die großen Staatsoberhäupter von de Gaulle über Königin Elisabeth bis Michael Gorbatschow von der

Treppe des historischen Bonner Rathauses der Bevölkerung auf dem Marktplatz zuwinkten. Die Bundesstadt hat den Umzug inzwischen gut verkraftet. Oberbürgermeister Jürgen Nimptsch freut sich über die »wachstumsstärkste Stadt in Nordrhein-Westfalen«. Bonn wird von 320000 auf 350000 Einwohner bis 2030 wachsen. Wer hier lebt, lebt hier gerne. »Der Umzug des Parlaments und der Bundesregierung nach Berlin war für manchen Rheinländer vor einigen Jahren bitter. Viele kehrten nach der Pensionierung auch wieder an den Rhein zurück, aber die Rheinländer, die bleiben mussten, hinterließen direkt an der Spree unterhalb des Bahnhofs Friedstrichstraße ihre Ständige Vertretung«, sagt rückblickend Reinhard Appel, der ehemalige ZDF-Chefredakteur und Moderator der ZDF-Talkrunde *Journalisten fragen – Politiker antworten*, wo noch die Fetzen flogen.

Appel, ein Preuße, zog zu Zeiten der Bonner Republik an den Rhein – und dort nicht mehr weg. Wir hatten lange telefoniert, als er mir meine Fragen für dieses Buch beantwortete. Danach wollten wir uns in Kürze auf seiner »schönen Terrasse« in Bonn-Kessenich treffen. Dazu kam es leider nicht mehr. Reinhard Appel starb im Frühsommer 2011 im Alter von 84 Jahren. Es war wohl eines der letzten Interviews mit ihm, als ich ihn fragte, wie rheinisch er inzwischen geworden sei.

»Auch nach sechzig Jahren Bonn und Mainz wird man als Berliner noch kein Rheinländer. Aber den Menschen hier, ihrer Kontaktfähigkeit, ihrem Laissez-faire, kann ein Preuße auf die Dauer kaum standhalten. Preußische Disziplin und rheinischer Charme sind ungleiche Brüder, aber die Mischung schafft auch Anziehungskraft.«

Natürlich wollte ich ein Beispiel hören. »Der Berliner zum Rheinländer: Wir waren doch gestern verabredet. Warum kamst du nicht? Der Rheinländer entwaffnend: »Jo, bin ich denn nit do jewäs!«

Reinhard Appel verriet mir auch, wo er am Rhein am liebsten war. Nämlich »am Rolandsbogen, wenn ich auf die Schiffe schaue«.

Ich hatte schon lange keine Schifffahrt mehr auf dem Rhein gemacht. Zuletzt mit den Eltern als Kind ab Rüdesheim, wo die Nachkriegsgeneration so hinfuhr – schon wegen der Drosselgasse. Dann weiter nach Königswinter, wo die legendären Postkarten-Fotomontagen entstanden, die noch heute in vielen Schubladen auf der ganzen Welt liegen dürften: Papa und Mama im Flugzeug über dem Rhein! Anschließend ging's auf dem Rücken des Esels auf den 321 Meter hohen Drachenfels, bis heute der wohl meistbestiegene Berg Europas.

Nun wollte ich es noch mal wissen und bin mit der Familie bei hochsommerlichem Bilderbuchwetter in Koblenz an Bord der Köln/Düsseldorfer gegangen. Schon vorher war großes Staunen angesagt: Koblenz hat sich fein herausgeputzt. Die Altstadt kann mit Köln und Düsseldorf mithalten, die gelungene Bundesgartenschau sprengte mit 3,5 Millionen Besuchern im Jahre 2011 alle Rekorde und sorgt nun dafür, dass Schönes bleibt. Wir schippern unter der neuen Rhein-Seilbahn her, die vom Deutschen Eck zur Festung Ehrenbreitstein 850 Meter weit über den Rhein führt. Erbaut aus Anlass der Gartenschau vom namhaftesten Hersteller von

Wintersportgondeln. Wir sitzen auf dem Sonnendeck, als Willy Schneider über die Bordlautsprecher singt: *Warum ist es am Rhein so schön?* – Die Antwort liefert der Strom selbst. Seit mehr als zweihundert Jahren zieht der Rhein Menschen aus der ganzen Welt in seinen Bann, und es werden ständig mehr. Wir hatten einen schönen Urlaubstag mit Würstchen, Bier und Limonade inmitten der Rheinromantik.

Bereits 1893 gab es auf dem Hochplateau am heutigen Rolandsbogen einen Erfrischungskiosk. Sophie, eine der Töchter des ersten Betreibers, soll – so die Überlieferung – den Heimatdichter Jörg Ritzel zu einem Gedicht inspiriert haben, das bald darauf vertont wurde und als eines der bekanntesten Rheinlieder Geschichte machte:

Ich kam von fern gezogen zum Rhein, zum Rhein.
Beim Wirt am Rolandsbogen, da kehrt ich ein.
Ich trank mit seiner Base auf Du und Du.
Der Mond mit roter Nase sah zu, sah zu …

Die Ruine der Burg Rolandseck gilt nicht ohne Grund als ein Wahrzeichen der Rheinromantik. Von hier oben ist der Blick auf den Strom und seine Umgebung bilderbuchreif. Schon Alexander von Humboldt schwärmte von einem *der sieben schönsten Ausblicke der Welt.* Davon ließ sich der amerikanische Präsident Bill Clinton anstecken: Auch er genoss den schönen Ausblick, als er bei seinem Deutschlandbesuch von Kanzler Schröder auf den 105 Meter hohen Rheinberg begleitet wurde und danach bei rheinischem Sauerbraten und einem Kölsch neue Kräfte tankte: Clinton kehrte spontan in die Malzmühle, in mein kölsches Lieblingslokal, ein. Was zur Folge hatte, dass ich draußen bleiben musste, weil plötzlich meterlange Bodyguards mit grimmigen Gesichtern den Eingang versperrten.

Siebengebirge mit Drachenfels und Petersberg, Bad Honnef mit den vorliegenden Inseln Grafenwerth und Nonnenwerth und der Rolandsbogen bieten jedenfalls alles, was das rheinische Herz begehrt: ein lebenswertes Fleckchen Erde rundum. Das haben nicht zuletzt prominente Politiker stets zu schätzen gewusst, die am Rhein blieben und lieber nach Berlin pendeln.

Auch Hans-Dietrich Genscher, der ehemalige Bundesaußenminister und Vizekanzler, ist seiner rheinischen Wahlheimat über Jahrzehnte treu geblieben. Sein Zuhause ist Wachtberg-Pech, nicht weit vom Rolandsbogen, wo die Einheimischen über ihr Dörfchen sagen: Zum Glück gibt's Pech! Nicht nur, weil es hier eine der besten Metzgereien im ganzen Rheinland gibt, wo auch Genscher kaum dran vorbeigehen konnte, sondern weil das schmucke Fachwerkdorf am Rande vom Kottenforst auch landschaftlich schön liegt.

Genschers Frau ist in Schlesien geboren und er in der Mitte Deutschlands, in Halle. Ich frage Hans-Dietrich Genscher, warum sie Wachtberg-Pech treu geblieben sind. Genscher lächelt. »In einer liebenswerten Landschaft leben liebenswerte Menschen. Deshalb können wir ohne Einschränkung sagen: Ja, hier sind wir zu Hause.« Die Wiege der deutschen Nachkriegsdemokratie stand in Bonn. Ich will wissen, wie wichtig das rheinische Umfeld für das Gedeihen der Bundesrepublik war. Genscher zögert nicht lange: »Das rheinische

Umfeld war von entscheidender Bedeutung für die Aussöhnung mit Frankreich. Diese wiederum für den großen Erfolg der europäischen Einigung, die auch den Weg bereitete zur Überwindung der Teilung Deutschlands und Europas.«

Diesen Erfolg dürfe man nicht aufs Spiel setzen. »Weniger Europa ist Rückschritt«, hatte der FDP-Ehrenvorsitzende in Bonn noch gesagt, als 2011 Hunderttausende den Tag der Deutschen Einheit in der ehemaligen Hauptstadt feierten, während sich die Probleme in Europa schon türmten. Hannelore Kraft von der SPD, die bürgernahe und warmherzige Ministerpräsidentin von Nordrhein-Westfalen, meinte darauf im alten Bonner Plenarsaal, wo die Politikikone Genscher als Ehrengast beim Festakt in der zweiten Reihe saß, anerkennend nur: »Sie haben recht, Herr Genscher.«

Ich komme auf die Präambel des Rheinischen Grundgesetzes zu sprechen – und Genscher ist nun ganz der große alte Politiker, als er voller Überzeugung antwortet: »Die Philosophie hinter dem wunderbaren rheinischen Wort ›Jeder Jeck ist anders‹ ist eine durch und durch liberale. In der Tat, wir sind alle anders, und gerade in diesem Anderssein bereichern wir uns gegenseitig. ›Jeder Jeck ist anders‹, ›Leben und leben lassen‹, schön, wenn Menschen in einer Gesellschaft so voneinander denken.«

Michail Gorbatschow, einst Herrscher über das große Sowjetreich, besuchte mit seiner Ehefrau die Genschers in ihrem Haus in Wachtberg-Pech und fühlte sich wohl. Vielleicht auch, weil er mitbekam, dass der prominente deutsche Außenminister sich nicht zu schade war für die kleinen Dinge des Lebens.

Mit seiner Ehefrau Barbara ist er von Anfang an im Gemeindeleben präsent. Zum Beispiel jedes Jahr beim Karnevalsumzug. Genscher ist mit dem rheinischen Frohsinn bestens vertraut. Ich frage ihn, ob er sich noch an das Funkemariechen auf dem Bonner Kabinettstisch erinnern könne.

Genscher lacht. »Das war doch mal was – das Funkemariechen auf dem Kabinettstisch! Wenn man bedenkt, was dort sonst auf den Tisch gebracht wurde, war das ein großer Tag – nicht nur für den Tisch des Kabinetts, sondern auch für das Kabinett selbst.«

Es war im Februar 1976. Das Bild ging um die Welt. Es wurde in japanischen und südamerikanischen Zeitungen ebenso abgedruckt wie in Italien und Norwegen: Der Spagat eines rheinischen Funkemariechens auf dem Kabinettstisch von Helmut Schmidt! Mit einem schmunzelnden Außenminister Hans-Dietrich Genscher, der unter den Bonner Politikern das Brauchtum Karneval lebte wie kein Zweiter – sagen jedenfalls alte Bönnsche.

Das Bild, das in der Berliner StäV an der Wand hängt und in Bonn zur Ausstellung *Spaß beiseite – Humor und Politik in Deutschland* lange im Haus der Geschichte zu sehen war, dokumentiert wie kein anderes Bild die rheinische Lebensfreude zu Zeiten der Bonner Republik. Damals wurde in einem eher bescheidenen Umfeld große Politik gemacht, »als Bundestagsdebatten noch Debatten waren«, wie Norbert Blüm nach der zweiten Weißweinschorle noch mal gern in Erinnerung ruft.

Horst-Jürgen Winkel, Kanzleramtspressereferent unter Brandt und Schmidt, schildert die Story, wie es zum dem

Überraschungscoup mit dem Funkemariechen auf dem Kabinettstisch kam. »Während der Prinzenproklamation in der Beethovenhalle sah ich den Auftritt der Deutschen Meisterin im Tanzen, Lydia Korb aus Düren. Sie hatte eine faszinierende Ausstrahlung: leicht und fröhlich, engelsgleich. Ohne Peinlichkeit hätte sie dem Papst auf der Nase herumtanzen können!«

Winkel engagierte das Funkemariechen für den traditionellen Karnevalsempfang an Weiberfastnacht im Kanzleramt. Eine »geheime Kommandosache«. Nicht einmal der Kanzler wusste etwas davon. Im Terminkalender von Helmut Schmidt war lediglich vermerkt: *09.00 Uhr – 09.30 Uhr Empfang des Bonner Prinzenpaares, des Godesberger Prinzenpaares, der Wäscheprinzessin aus Beuel. Großer Kabinettssaal – Bildpresse – Anschließend Beginn der Kabinettssitzung.*

Host-Jürgen Winkel muss schmunzeln, als er aus dem Nähkästchen erzählt: »Lydia erschien schon zwei Stunden vor ihrem Auftritt begleitet von ihrer Mutter im Palais Schaumburg, um sich mit der Örtlichkeit vertraut zu machen, den Ablauf zu besprechen und die Aktion auf dem Kabinettstisch zu proben. Die Stelle vor dem Platz des Kanzlers, wo ihr rechter Stiefel aufkommen sollte, wurde mit einem Kreidestrich markiert.«

Dann kam der spannende Moment, wo das Mariechen zu rheinischen Karnevalsklängen plötzlich in die hochpolitische Runde platzte, auf den Kabinettstisch sprang und tanzte. Zum Höhepunkt legte Lydia den Spagat direkt vor den Augen von Schmidt und Genscher hin. Auf einen Schlag war die große Politik vergessen. Die finstersten Mienen wurden heiter. Schmidt und Genscher, beide lachten, und das gesamte Kabinett auch. Das hatte es noch nicht gegeben! Und bis heute auch nie wieder.

Der Karneval am Rhein und die Bonner Republik – das ist ein Kapitel für sich. Willy Brandt und Helmut Schmidt, vor allem Loki Schmidt, waren die Lustigsten. Helmut Kohl sei froh gewesen, wenn die närrische Schar das Kanzleramt schnellstens wieder verlassen habe, erzählte mir ein ehemaliger Bonner Oberjeck, der oft dabei war. Und heute? »In Berlin hat das Rheinland nur noch die Mehrheit, wenn die Bläck Fööss spielen«, scherzte vor einiger Zeit einmal Frank-Walter Steinmeier in einem launigen Interview, das ich mit ihm anlässlich eines SPD-Sommerfestes in Berlin führte, wo die Fööss spielten und Steinmeier Außenminister war.

Berlin hin – Bonn her. Politik wird am Rhein immer noch gemacht. Aber Hand aufs Herz: Et hät nich immer jot jejange. Wie in Köln, als eine umstrittene U-Bahn-Strecke gebaut wurde. Dabei stürzte das nahegelegene Stadtarchiv ein. Es gab Tote. Dreißig bis vierzig Jahre wird es dauern, bis die aus dem Schlamm der U-Bahn-Baugrube geborgenen Archivbestände restauriert und wieder in sinnvolle Zusammenhänge gebracht werden, wie *Der Tagesspiegel* berichtete und dabei das Rheinische Grundgesetz ganz anders bemühte: Nichts bleibt so, wie es mal war – Nix bliev, wie et wor! Hartmut Priess von den Bläck Fööss zitierte die Textzeile aus dem Lied *Firma Huddel & Brassel* der Gruppe: *Wir tun in unserem Leben so vieles ohne Sinn, aber das – das tun wir gründlich – weil wir us Kölle sind.* Der Song entstand drei Jahre vor dem Einsturz des Kölner Stadtarchivs. Es ging darin um eine Firma, die immer mehr expandiert, selbst noch im Himmel eine U-Bahn und Geisterbahn baut. *D'r Himmel krije mer och kapott*, heißt es in dem Lied. Priess dazu: »Man ist nicht immer glücklich, wenn man mit seinen Liedern recht behält.«

Oder in Bonn, als im ehemaligen Regierungsviertel das Weltkongresszentrum entstand, was lange vor seiner Fertigstellung pleiteging und vorübergehend zur Millionen-Bauruine wurde. Historische Gebäude wie die prachtvolle Villa der Parlamentarischen Gesellschaft waren vorher der Baggerschaufel zum Opfer gefallen. Auch das einst berühmte Studio Bonn, schräg gegenüber und nur ein paar Fußminuten vom Rheinufer entfernt, steht nicht mehr. Friedrich Nowottny (»Guten Abend, das Wetter«) hatte hier viele Jahre den *Bericht aus Bonn* moderiert – das Fernsehmagazin des Ersten Deutschen Fernsehens zum aktuellen politischen Geschehen, ein Dinosaurier mit erstaunlicher Überlebensfähigkeit, wie *Die Zeit* einmal schrieb. Bereits die erste Sendung im Jahre 1963 schrieb Geschichte. Darin erklärte der damalige Bundeskanzler Konrad Adenauer: »Ich gehe im Herbst.«

Friedrich Nowottny lebt schon viele Jahre bei Bonn auf der anderen Seite vom Kottenforst, diesem viertausend Quadratmeter großen Waldgebiet im Naturpark Rheinland südlich und westlich der Bundesstadt, das er liebt: »Weil der Kottenforst ein so unglaublich gutes Wegenetz hat, befahrbar auch für Radfahrer.« Geschätzt hat der Nichtrheinländer am Rheinland aber besonders etwas Menschliches: »Die große Gelassenheit auch im Umgang mit den Größen der Politik, die sich tatsächlich für die Großen halten.«

Ich erzähle ihm die Geschichte von einem kleinen Politiker – die vom Bürgermeister von Weilerswist. Kaum ein Bürgermeister dürfte seine Bürger so gut kennen wie der Bürgermeister von Weilerswist, Peter Schlösser. Er trifft sich regelmäßig zum Mittagessen bei ihnen im Wohnzimmer, immer in einem anderen – um sich die Sorgen und Nöte anzuhören. »Das ist nicht unbedingt rheinisch – ansonsten lobenswert«, sagt Nowottny und ergänzt kritisch: »Da ist einer, der Bürgernähe sucht und sie im Gegensatz zu unendlich vielen Politikerinnen und Politikern auch findet.«

Ich frage Nowottny, was er an den Rheinländern bis heute nicht versteht.

»Dass die Uhr der Rheinländer offenbar eine andersgehende Zeit als die Normalzeit anzeigt!« Was so viel heißt wie: Küste hück nit – küste morje.

»Und was verstehen Sie inzwischen besonders gut an ihnen?«

»Ihre Bereitschaft, aus jedem noch so unwichtigen Ereignis ein Fest zu machen.«

Dabei lacht er. Was denn sein Lieblingsplatz in der Bonner Innenstadt sei, möchte ich noch von ihm wissen. »Die Museumsmeile einschließlich des unglaublichen Hauses der deutschen Geschichte«, antwortet der in Oberschlesien geborene Journalist ohne großes Zögern und hat noch die Gummistiefel an, weil er gerade im Garten den Rasen gemäht hat.

Das Haus der Geschichte der Bundesrepublik Deutschland zeigt faszinierende Originalobjekte von der Nachkriegszeit bis in die Gegenwart. Es bietet gleichzeitig für jedermann den »Weg der Demokratie«, einen eindrucksvollen Rundgang durch die noch verbliebenen alten Bonner Regierungsgebäude wie Plenarsaal, Villa Hammerschidt, Palais Schaumburg oder Kanzlerbungalow. Nur das alte Abgeordnetenhochhaus am Rheinufer kann man nicht mehr so ohne weiteres besichtigen, es ist mit Sicherheitsdraht umzäunt und heute Sitz von fünfzehn UN-Organisationen. Einst war es das höchste Haus von Bonn. Das ist vorbei, seitdem gleich nebenan der Post-Tower entstand: Er ist mit 162,5 Metern das höchste Haus in Nordrhein-Westfalen – und »höher als der Kölner Dom«, wie die Bonner Taxifahrer jedem Kölner stolz aufs Butterbrot schmieren. Nun ja. Von 1880 bis 1884 war der Kölner Dom mit seinen 157,38 Metern das höchste Gebäude der Welt. Dafür ist er nun seit 1996 Weltkulturerbe und mit etwa sechs Millionen Besuchern ist er die meistbesuchte Sehenswürdigkeit in Deutschland. Die im Jahr 2011 gegründete Kulturstiftung Kölner Dom kümmert sich um sein künftiges Wohlergehen.

Ich frage Ulrich Wünsch, Gründungsrektor der Hochschule der populären Künste in Berlin, einen gebürtigen Düsseldorfer, nach dem kleinen Unterschied. »Der Kölner ist der Rheinländer an sich (Kant). Er ruht in (gern auch an) sich, quasi als prima materia. Der Düsseldorfer arbeitet sich am Kölner ab, er braucht den Kölner. Die so entstandene Melancholie färbt das Bier naturgemäß dunkel. Der Bonner wiederum schafft es nicht, aus dem Schatten des Kölners, aber auch des Düsseldorfers, herauszutreten. Das gibt dem Bonner Bier den bitteren Beigeschmack.« Die Bonner litten unter der Häme, *die uns all die Jahre aus dem Rest der Bundesrepublik entgegenschlug, aus Berlin, München, Hamburg, Frankfurt, Düsseldorf, Köln. Nur, weil wir klein, fein und Bundeshauptstadt waren*, bilanzierte zum Deutschlandfest 2011 ein Zeitzeuge im *Bonner Generalanzeiger*. Nur wenige der deutschen Intellektuellen hätten sich der Häme versagt – wie Heinrich Böll. Der Kölner Schriftsteller ließ nämlich in *Ansichten eines Clowns* seinen Protagonisten sagen: *Es ist mir unverständlich gewesen, warum jedermann, der für intelligent gehalten werden möchte, sich bemüht, diesen Pflichthaß auf Bonn auszudrücken.*

Das sind die kleinen Unterschiede im Rheinland, das Konrad Beikircher so definiert: »Achtzig Kilometer rund um Kölle – dat is Rheinland!« Stimmt das wirklich? Was alles ist eigentlich Rheinland? Und wo liegt es?

1815 wird Europa auf dem Wiener Kongress neu geordnet. Dabei entstehen die Provinzen Jülich, Kleve und Berg sowie das Großherzogtum Niederrhein. Schon 1822 verschmelzen sie zur sogenannten Rheinprovinz. Die hatte eine Ausdehnung von Kleve am Niederrhein bis Bingen. Doch wo das Rheinland nun genau liegt, ist bis heute strittig.

Katja Nellissen, eine Journalistin, versuchte es geologisch zu definieren. *Dann zählt als Rheinland nämlich das Land, das vom Rhein beeinflusst wird. Im schmalen Rheintal in Rheinland Pfalz, wo sich der Fluss im Laufe der Jahre tief ins Gestein eingegraben hat, sind es zum Beispiel nur wenige Kilometer links und rechts des Flusses. Am Niederrhein hingegen, wo der Rhein Material aufschüttet, ist sein Einflussbereich größer, das »Rheinland« damit breiter. Die Eifel oder*

das Rheinische Schiefergebirge gehören aber geologisch ge-
sehen auf keinen Fall mehr zum Rheinland. Allerdings: Eine
solche geologische Definition gibt es eigentlich nicht. Ganz
zu schweigen von einer soziologisch-kulturellen. Die Rhein-
romantik wäre zum Beispiel ein Faktor, der ebenfalls in eine
Definition einfließen könnte. Oder die rheinischen Dialekte
oder eben der rheinische Humor. Es bleibt ein vertracktes Pro-
blem. Und so definiert eben jeder das Rheinland anders.

Ich auch: Duisburg ist ja auch Rheinland, aber trotzdem
Ruhrpott, Moers gegenüber ist linker Niederrhein, Aachen
ist näher an Holland und Belgien als an Köln und Düsseldorf, aber in Aachen fängt im Westen das Rheinland an, das
weit über den Strom bis Gummersbach und Bergneustadt
im Osten reicht. Und schon in Aachen macht das Rheinland
wenigstens zweimal im Jahr bundesweite Schlagzeilen. Die
beiden Verleihungen, um die es dann geht, sind einmalig in
Deutschland: Der Internationale Karlspreis zu Aachen, mit
dem Persönlichkeiten oder Institutionen ausgezeichnet werden, die sich um Europa und die europäische Einigung verdient gemacht haben. Und der Orden wider den Tierischen
Ernst, Deutschlands bekanntester Karnevalsorden, mit dem
Menschen geehrt werden, die Humor und Menschlichkeit
im Amt bewiesen haben.

Beide Preise wurden 1950 erstmals in Aachen vergeben.
Der Karlspreis, benannt nach Karl dem Großen, der als ers-
ter Einiger Europas gilt und der Ende des achten Jahrhun-
derts Aachen zu seiner Lieblingspfalz wählte, ging an den
Philosophen Richard Nikolaus Graf Coudenhove-Kalergi.
Er setzte sich schon in den zwanziger und dreißiger Jahren

in der Zeitschrift *Paneuropa* für die Errichtung eines europäischen Staatenbundes ein.

Der Orden wider den tierischen Ernst, ausgedacht vom Aachener Karnevalspräsidenten Jacques Königstein, wurde im gleichen Jahr an den britischen Militärstaatsanwalt James Arthur Dugdale verliehen. Dieser bewies wirklich Humor im Amt: Dugdale entließ 1950 in Aachen einen gerade Verurteilten über die Karnevalstage aus der Haft, weil er es ihm nicht zumuten mochte, die »höchsten Feiertage im Rheinland« hinter Gittern zu verbringen. Denn Karneval – das ist am Rhein immer noch das Größte.

Mir wurde das spätestens klar, als ich den aus Mönchengladbach stammenden Astronauten Reinhold Ewald 1997 nach seiner Mission auf die Internationale Weltraumstation MIR im *MonTalk* zu Gast hatte. Darin erzählte Ewald die bis heute einmalige Geschichte, wie er Unglaubliches im Gepäck versteckte, als er auf die MIR katapultiert wurde: einen Kölner Dom in Miniatur und eine Kassette mit Liedern der Bläck Fööss.

Da muss man erst mal drauf kommen! Ewald, durch und durch Rheinländer, fing plötzlich an, im Weltraum zu den Bläck Fööss kölsche Karnevalslieder zu singen: *M'r losse d'r Dom en Kölle*, *Drink doch eine met*, *Et Veedelslied* und all die anderen kölschen Lieder. Selbst die Russen an Bord der MIR kamen in Stimmung, verstanden aber nur Bahnhof. Dazu schwebte der Dom in der Schwerelosigkeit. Die Erklärung für das eher Unglaubliche ist ziemlich simpel: Es war Rosenmontag. Der Astronaut vom Rhein hatte Heimweh …

Nach seiner Rückkehr zur Mutter Erde wurde Ewald

vom Präsidenten der Russischen Föderation, Boris Jelzin, mit einem Orden ausgezeichnet, weil es ihm und seinen Kollegen gelungen war, ein Feuer auf der Raumstation zu löschen. Eine Auszeichnung, die ausnahmsweise nichts mit Karneval zu tun hatte, obwohl Orden im Rheinland eher ausschließlich was mit Karneval zu tun haben. So um die drei Millionen – zum Mitschreiben: DREI MILLIONEN – werden pro Session im Rheinland verliehen, schätzt jedenfalls Ewald Kappes, Kölns größter Ordenshersteller. Aber es wurmt ihn, dass die Chinesen sich auf den Markt gedrängt haben.

Viele Karnevalsorden im Rheinland kommen inzwischen aus dem Reich der Mitte. Vielleicht stecken ja die Roten Funken dahinter. Das älteste Kölner Traditionskorps, die Kölsche Funke rut-wieß vun 1823 e.V., startete mit einer Hundertschaft einen Besuch der einzigen Kölsch-Kneipe in Peking ab. Die wiederum gehört Fritz Jäckel, der ein halbes Jahr in Köln lebt, obwohl er Hesse ist, und die andere Zeit in China. Der »Alte Fritz« besitzt aber noch eine zweite Kölsch-Wirtschaft im Land des Lächelns, und zwar nicht irgendwo, sondern direkt am vierten Turm der 6350 Kilometer langen Chinesischen Mauer. Hier wird im Kleinen Landgraf ebenfalls das helle Obergärige vom Kölner Eijelstein ausgeschenkt. Da muss man doch hin!

Fritz, der Mann mit den besten Beziehungen, schaffte es, dass die Kölschen Funken in ihren rot-weißen Uniformen, die sie sonst nur zu Karneval zeigen dürfen, einen Heimatabend im Nationaltheater von Peking machen konnten, dem Allerheiligsten: ein Missionswerk! *Rheinischer Funken-Froh-*

sinn! Die eigens aus Köln mitgereiste Band Höhner schmetterte dazu ihren Song *Üverall op d'r Welt, do is Kölle*. Die Chinesen klatschten wie jeck. Verstanden hatten sie nix, »ävver schön woret«.

Kleve und Emmerich am Niederrhein liegen schon irgendwie hoch im rheinischen Norden. Aus Emmerich stammt mit Eduard Künneke einer der großen deutschen Operettenkomponisten (*Der Vetter aus Dingsda, Glückliche Reise*). In Emmerich habe ich erst kürzlich wieder Bilder geschossen. Das lohnt sich immer. Die Vergrößerungen sehen hinterher aus wie schöne Gemälde. Das Motiv ist einzigartig. Es ist die »Golden Gate« von Emmerich mit dem Strom und den Frachtschiffen, fotografiert im Gegenlicht der untergehenden dunkelrot leuchtenden Sonne vor der unverwechselbaren Kulisse der niederrheinischen Landschaft. Traumhaft zu jeder Jahreszeit.

In Emmerich startet der Berufskomiker Jürgen von der Lippe seit Jahren sein Tourneeprogramm. Hermann van Veen, der holländische Liedermacher, auch. Wenn es in Emmerich klappt, dann klappt es auch woanders. Die Emmericher sind die letzten Deutschen am Rhein. Ihre Mentalität ist ganz anders als die der Kölner, eben niederrheinisch. Ich frage mitten in Emmerich einen älteren Einheimischen nach dem Weg in den nächstgrößeren Ort auf der holländischen Seite. »Dann fahren Se ma links und wieder links, dann rechts, und wenn Se rechts gefahren sind, fahren Se ma bitte wieder links und noch mal links, dann aber noch ma rechts. Nich vergessen: noch ma rechts!«

»Ja, vielen Dank.«

»Also ich erkläre es Ihnen noch ma«, fängt der nette Herr dann von sich aus wieder an. »Dann fahren Se ma links und wieder links, dann rechts, und wenn Se rechts gefahren sind, fahren Se ma bitte wieder links und noch ma links, dann aber noch ma rechts. Nich vergessen: noch ma rechts! – Aber dat is ja auch alles ausgeschildert ...«

»Der Niederrheiner kann alles erklären, weiß aber nix«, hat Hanns-Dieter Hüsch immer gesagt. Er musste es wissen, kam ja selbst da weg. Aus Moers.

Vom Niederrheiner sagt man das Gleiche wie vom Westfalen: Wenn du mit dem Menschen dort einen Sack Salz gefressen hast, hast du ihn – auf deiner Seite. Stimmt.

Steffi Neu, eine der besten Radio-Moderatorinnen in Nordrhein-Westfalen, kommt auch »da weg« und ist »auf 'em Hof« geblieben. Ich besuche Steffi in ihrem Haus, das unweit von Kleve in einer kleinen Bauernschaft inmitten von großen Feldern liegt. Die Landschaft ist hier so flach, dass du, wie Hüsch es mal gesagt hat, »bis ans Ende der Welt gucken kannst«. Steffi, verheiratet, Mutter von zwei munteren Kindern, macht nicht den Eindruck, als würde sie hier den Koller kriegen. »Trotzdem sag ich schon mal o Gott, wenn ich nach einer Stadtphase wieder nach Hause komme«, gesteht sie.

Stefanie Neu ist zu Hause in der Gemeinde Uedem-Keppeln. Ihr Dorf befindet sich unweit der niederrheinischen Marien-Wallfahrtshochburg Kevelaer (über 800000 Pilger im Jahr) und des Spargel-Dörfchens Walbeck, wo es spätestens ab dem 1. Mai den besten Spargel an jeder Ecke, auf jedem Feld, in jedem Restaurant und in jeder Kneipe gibt. Auf Sand zu bauen ist in der Regel nicht empfehlenswert. Die Walbecker Spargelbauern aber folgten dem Rat des legendären Majors Klein-Walbeck und gründeten 1929 die erste und bis heute einzige Spargelbaugenossenschaft in Deutschland. Denn der »Spargelmajor« hatte erkannt, dass der sandige Boden sich bestens für den Anbau des »weißen Goldes« eignet. Womit klar ist, dass der Ausdruck »Weißes Gold« erst am Niederrhein war und dann in den Alpen

»Wie rheinisch bist du denn?«, möchte ich von Steffi wissen, während ein paar Meter auf dem Feld ein Riesentraktor einen Riesenlärm macht.

»Ich als Niederrheinerin fühle mich als Rheinländerin, wenn ich auf die Westfalen stoße in Köln. Das ist dieser Temperamentsunterschied.«

Steffi steht zu ihrem Dorf. Mit allem Zipp und Zapp. Sie übernahm, als es dem örtlichen Karnevalsverein nicht so gut ging, die Verantwortung und wurde Vorsitzende: »Wir mobilisieren zehntausend, wenn wir mit dem Rosenmontagszug um die Kirche ziehen. Das ist der Hammer!«, schwärmt die schöne Frau vom Radio und Vorsitzende der Karnevalsgesellschaft Queekespiere 1949 Keppeln e.V. – benannt nach einem Unkraut, das nur am Niederrhein wächst und nicht kleinzukriegen ist. Kein Wunder, dass der Karneval im niederrheinischen Dülken einst Vorbildcharakter für Köln hatte – zumindest teilweise: 1794 wurde die Narren-Academie zu Dülken im ehemaligen Herzogtum Jülich gegründet. Mit ihrem Symbol, der »akademischen Windmühle«, traten die Gecken von Dülken für einen besseren Gesellschaftston und eine heitere Lebensweisheit ein. Das hat die Kölner beeindruckt: 1912 durfte die Dülkener Academie mit ihrer Windmühle auf einem von vier Pferden gezogenen Motivwagen mit im Kölner Rosenmontagszug fahren.

Steffi Neu beschreibt die Niederrheiner als ein bisschen eigenbrötlerisch und kommunikativ nur dann, wenn er sein Schnäpschen gehabt hat. »Das Schnäpschen ist so das Elf-Ührken. Elf Uhr ist die Schnapszeit. Das ist immer so gewesen. Ich finde, es ist ein Phänomen, wenn wir Karneval oder Kirmes haben, wie viel dann plötzlich erzählt wird an der Theke. Auch viele Dinge, die man über Jahre so gar nicht gesagt hat. Da hat man plötzlich den Mut.« Sonst, meint sie, paare sich Gelassenheit mit einem angeborenen Verdrängungsmechanismus. »Dass man Probleme verdrängt, die aussitzt und zur Tagesordnung übergeht. Das Rheinische Grundgesetz *Et kütt wie et kütt* gilt hier ebenfalls, aber *et hät nich* unbedingt *immer jot gejange*. Es kann auch kräftig in die Hose gehen«, sagt Steffi Neu.

Kennzeichnend ist für sie die Tradition, Feste zu feiern, »die einfach gesetzt sind und zu denen die Leute – wie mechanisch, ohne zu denken – auch ins Dorf marschieren und da mitmachen. Auch sich in traditionelle Uniformen stecken: sei es Musikverein, sei es Schützenverein, sei es der Karnevalsverein.«

Am liebsten ist die junge Moderatorin in Uedemerbruch. »Da gibt's den besten Ausblick auf Wiesen und Felder. Gib mal in dein Navi Holländische Straße ein, dann fährs'e da mal lang. Es ist unglaublich Eigentlich am Arsch der Welt, aber dat is 'n schöner Arsch!«

Zum Abschied meint Steffi: »Als Typ tendiert der Niederrheiner eher zu den Bonnern. Die Kölschen sind zu wild, die Düsseldorfer zu etepetete. Ich habe in Bonn studiert und fand die eher ruhig und angenehm, überschaubar und unaufdringlich.«

Bonn, Bad Godesberg und Meckenheim liegen schon schön im rheinischen Süden. In Meckenheim ist der Frühling wohl immer zuerst. Wenn Meckenheim Blütenfest feiert, das jährlich von den Landfrauen, den Obstbauern und der Stadt auf die Beine gestellt wird und die Menschen anlockt, ist die Gegend leicht zu verwechseln mit Südtirol. Dann verwandelt sie sich in einen riesengroßen Obstgarten, der in der Sonne rosarot und weiß leuchtet, und es scheint so, als blühten die Obstbäume zu Tausenden um die Wette.

So kommt es denn auch, dass im nahen Bonn nicht nur die Demokratie neu aus der Wiege gehoben wurde, hier wurde auch das Weckglas wiedergeboren. Nach dem Zweiten Weltkrieg waren die Glashütten der Firma Weck im deutschen Osten bei Cottbus und Görlitz enteignet worden. Daraufhin wurde der Firmensitz nach Bonn-Duisdorf verlegt und ein neues Glaswerk gebaut. 1950 wurde dann am Rhein die Produktion der berühmten Einkochgläser fortgesetzt, die seitdem millionenfach verkauft werden – trotz oder gerade wegen der später aufkommenden Konkurrenz namens Kühltruhe oder Gefrierschrank. Die Weckgläser vom Rhein haben sich bis heute gehalten. Das macht auch eine Zahl deutlich: Über eine Million Leser informieren sich Monat für Monat über das hauseigene Monatsblatt von Weck, wie richtiges Einkochen, wie Einwecken geht. Vor allem mit Obst.

Doch kein Obst ohne blühende Bäume im Frühling.

Hanns-Dieter Hüsch, der große Kabarettist, bekannt geworden als das »schwarze Schaf« vom Niederrhein, beharrte aber stets im unverwechselbaren niederrheinischen Dialekt darauf, sein Vater habe behauptet, der Frühling komme zuerst an den Niederrhein, und erst dann gehe er in die anderen Gegenden – wie nach Meckenheim:

»Warum, weiß ich auch nicht, aber dat is so, hat mein Vater gesagt. Un wenn der Lehrer sagt, dat wär dummes Zeug, dann sachse mal, er sollt mal bei mir vorbeikommen, ich würd ihm dat schon erklären, denn Wissen und Wissen, hat mein Vater gesagt, dat ist ein gewaltiger Unterschied, besonders am Niederrhein. Und besonders im Frühling. Tach zusammen.«

Stimmen muss das deswegen noch lange nicht. Denn im Süden, noch etwas weiter rheinaufwärts, kommt hinter Bonn und Bad Godesberg Bad Honnef. Kein Geringerer als der Naturforscher Alexander von Humboldt nannte es das *rheinische Nizza* wegen des milden Klimas und weil die Berge die Stadt gegen die rauen Nord- und Ostwinde schützen. Die Honnefer behaupten: Bei uns ist der Frühling zuerst! Guido Westerwelle wird es wissen. Der Politiker wurde hier geboren. Auch Hermann Honnef, der Pionier der Windenergie. Er kam auf der grünen Honnefer Rheininsel Grafenwerth auf die Welt. Nach Tschernobyl und Fukushima werden mehr denn je die Erinnerungen an den Visionär der Windkraftnutzung wach.

Zum *rheinischen Nizza* zählt auch das Bilderbuch-Örtchen Rhöndorf, ein Ortsteil von Bad Honnef. Hier hatte hoch über dem Rhein der erste Kanzler der Bundesrepublik Deutschland, Konrad Adenauer, ein geborener Kölner, sein Wohnhaus mit Blick auf den Rhein und die Dorfkirche. Wenn Adenauer auf der Terrasse seines Hauses stand, war über ihm nur noch der Drachenfels. Das Haus mit der Originaleinrichtung und dem großen Garten drum herum ist seit mehr als vier Jahrzehnten Gedenkstätte und Museum in einem und damit täglich Besuchermagnet für Menschen aus der ganzen Welt.

Ich habe in Adenauers Haus mal eine Fernsehsendung gemacht, in der es um Adenauers Lieblingsmusik ging. Wir hatten unsere Kameras und die gesamte Technik mühsam die 58 Steinstufen, die Adenauer noch mit neunzig Jahren ohne Schwierigkeiten zu Fuß schaffte, zu seinem Haus geschleppt und im Wohnzimmer aufgebaut. Die Mühe sollte belohnt werden: Sechs zauberhafte junge Damen des Kölner Ensembles Vivace spielten in schulterfreien langen Kleidern auf Harfe, Klavier, Geigen, Flöte und Bratsche ein phantastisches Arrangement von Schuberts Forellen-Quintett. Und zwar mitten auf dem Wohnzimmerteppich vor den großen Fenstern mit dem schönen Ausblick auf das Rheintal.

Ich hatte Adenauers ehemalige engste Mitarbeiterin Anneliese Poppinga und seinen jüngsten Sohn Georg Adenauer dazu eingeladen. Beide waren von der Musik sehr angetan. Als *Die Forelle* zu Ende gespielt ist, frage ich Frau Poppinga, was der Kanzler wohl damals gesagt hätte, wenn er die Damen auch gehört hätte? Sie antwortet:

»Ich wünschte, das hätte er hier erleben können. Er wäre zutiefst berührt gewesen.« Ich habe neben Georg Adenauer auf dem Sofa im ehemaligen Musikzimmer Platz genommen,

Anneliese Poppinga sitzt uns gegenüber an einem kleinen Glastisch. In diesem Raum stand zu Adenauers Zeiten das Klavier. Der Vater, so erzählt mir sein Sohn Georg, »hat großen Wert darauf gelegt, dass wir Kinder musikalisch waren. Deswegen gab es in diesem Raum immer auch kleine Konzerte, zum Beispiel Weihnachten, wo wir Musikstücke vorgetragen haben. Meine Mutter spielte Bratsche, und wir Kinder haben alle mit dem Klavier umgehen können.« Dann fügt er schmunzelnd hinzu: »Er hat selbst nie ein Instrument gespielt, aber wenn es schöne Rheinbowle gab, hat er *Warum ist es am Rhein so schön* gesungen.«

Anneliese Poppinga, die neun Jahre im Vorzimmer des ersten Kanzlers der Bundesrepublik im Bonner Palais Schaumburg saß, kann sich in diesem Moment ein Lächeln nicht verkneifen. Sein Vater, so ergänzt Georg Adenauer noch schnell, habe aber nur höchst selten rheinische Lieder mitgesungen. »Und wenn, dann eher leise ...«

Dabei gibt es allein über seine Heimatstadt Köln vierzigtausend offiziell gezählte Lieder.

Voller Begeisterung erzählt Frau Poppinga, dass Konrad Adenauer vor allem »ein Freund der klassischen Musik« war: »Er liebte besonders Joseph Haydn. Im Palais Schaumburg hatte er ein großes Arbeitszimmer, und daneben war ein Raum, wo er mittags eine kleine Mahlzeit gereicht bekam. Dann mussten wir vom Vorzimmer Musik auflegen. Wenn er schwere politische Probleme zu lösen hatte, dann war es immer wieder Haydn. Er liebte ganz besonders das Oboen-Konzert Es-Dur, und er liebte auch seine Sinfonien. Ihn faszinierte, mit welcher Phantasie Haydn bestimmte Themen immer wieder mit neuen Momenten versah und neu variierte. Er hat einmal über die Musik von Joseph Haydn gesagt: ›Ich brauche immer Haydn wie ein Glas frisches Wasser.‹«

Die Lieblingsmusik seines Sohnes Georg dagegen konnte er nicht leiden. »Katzenmusik« schimpfte er den Jazz.

Adenauer entspannte sich mit Klassik und in seinem Garten. *Seit meiner Jugend fühle ich mich der Natur, dem Garten und damit auch der Arbeit des Gärtners eng verbunden, und aus eigenem Erleben kann ich nur immer wieder denen recht geben, die vom Garten als eine Stätte der Erneuerung sprechen.*

Beim Bau seines Hauses 1937 in Rhöndorf am rechten Rheinufer sorgte er erst mal für den Garten – terrassenförmig angelegt auf rund viertausend Quadratmetern in einem ehemaligen Weinberg. Kenner sagen, dass es bis heute wohl einer der sehenswertesten Gärten des Rheinlandes ist mit einer südländisch anmutenden Vielfalt von Pflanzen, darunter die schönsten Rosenarten, Obstbäume, Oleander, Kamelien und Rhododendren. Als die Damen von Vivace inmitten dieser Blütenpracht Guiseppe Verdis *La primavera* spielen, geht Adenauers Sohn, Frau Poppinga und uns allen das Herz auf. Klingt kitschig. Aber das ist wie mit dem orangerot leuchtenden Sonnenuntergang. Es gibt ihn! Einer der schönsten ist vom Bundeshäuschen, dem kleinen Ausflugslokal auf den Rheinwiesen in Bonn-Oberkassel, zu sehen.

Hinter Rhöndorf – und schon in Rheinland-Pfalz – liegt das malerische Unkel. Hierhin zieht es mich mindestens einmal im Jahr. Es ist die Sonnenseite des Siebengebirges. Das Klima erfreut dementsprechend. Ich liebe den Rhein in Unkel besonders. Thomas Gottschalk wohl auch. Schräg gegenüber auf der anderen Seite, schon auf Remagener Gebiet, ragt stolz über dem Strom das im romantischen Zuckerbäcker-stil errichtete Schloss Marienfels mit seinen achthundert Quadratmetern Wohnfläche, verteilt auf achtzehn Zimmer. Der TV-Entertainer kaufte sich für ein paar Millionen das Märchenschloss am Rhein mitsamt eines hunderttausend Quadratmeter großen bewaldeten Parks, renovierte es auf-wendig und zog 2006 – als er so langsam auf die sechzig zuging – ein. Und nach ein paar Jahren wieder aus.

Wenn die Sonne lacht und der Himmel über dem Rhein, der vor Unkel in Richtung Rhöndorf eine große Kurve macht, ganz blau ist, dazu ein lauer Wind mit leichten Böen das Rheinwasser zum Kräuseln bringt, dann glaubst du, du bist im Süden. Ein, zwei Stunden auf einer Bank am Ufer sitzen, nur auf den Fluss, die Schiffe und die grüne Land-schaft schauen, das bläst den Kopf frei und macht zufrieden. Hier ist es einfach schön.

In Unkel, wo Anfang der fünfziger Jahre Rotbäckchen, der erste Kinderfruchtsaft der Nation, erfunden wurde und bis heute weit über das Rheinland hinaus getrunken wird, hatte Willy Brandt am Rheinufer sein Häuschen. »Unkel Willy«, so nannte man Brandt am Ende seines Lebens. Halb liebe-voll, halb spöttisch und unter Anspielung auf seinen SPD-Gegenspieler, den »Onkel« Herbert Wehner, wie Zeitzeugen berichten. Der Bundeskanzler und Friedensnobelpreisträger Willy Brandt lebte seit 1979 dreizehn Jahre in der kleinen Stadt am Rhein als »Bürger unter Bürgern«. *Vielleicht wurde er von diesem Ort wegen seiner Schönheit, der Nähe zu Bonn und der literarischen Tradition angezogen.*

So jedenfalls mutmaßte die Lokalzeitung anlässlich der Einweihung des Willy-Brandt-Forums in Unkel – nach Lübeck und Berlin das dritte Museum als Hommage an den großen Versöhner.

»Ich glaube, es war wohl die einmalige Lage«, sagte mir Brandts ehemaliger Büroleiter, Klaus-Henning Rosen, der dem Exkanzler nach dessen Trennung von Ehefrau Ruth zunächst ein Apartment in Unkel besorgt hatte, und zwar im fünften Stock eines Mehrfamilienhauses, direkt am Rhein gelegen »mit einem phantastischen Blick auf Rolandsbogen und das Siebengebirge«. Auf der Türschelle stand *Dr. Müller* – aus Sicherheitsgründen. Dabei amüsierten sich die Unkeler schon bald über die merkwürdigen Sicherheitsvorkehrungen rund um Willy Brandt. *Abends kamen drei schwarze Limousinen und brachten ihn nach Hause. Man wartete zehn Minuten und fuhr dann wieder los. Kurz danach kam Willy Brandt in Cordhosen allein aus dem Haus und machte sich auf zu einem seiner geliebten Spaziergänge – ganz unbewacht.* So zitiert das Heimatmagazin *Rheinländer* einen Zeitzeugen zur Forums-Eröffnung.

In diesem kleinen Museum in der Ortsmitte von Unkel ist der Nachbau des privaten Arbeitszimmers von Brandt zu sehen, hier befinden sich viele aussagekräftige Objekte, Fotografien sowie eine Fülle von Film- und Tondokumenten. Und auch – dank Klaus-Henning Rosen – das Originalporträt von Willy Brandt, das Georg Meistermann 1977 schuf. Durch Zufall habe er es entdeckt, erzählt mir Rosen, denn: »Keine vier Jahre hing es im Bonner Kanzleramt, bis Helmut Kohl es abhängen ließ.«

Brigitte Seebacher-Brandt, die Witwe, erinnert sich, was er ihr geantwortet hat, als sie ihn gefragt habe, ob sich die beiden vielleicht woanders nach einem Grundstück umsehen sollten, weil Brandt aus dem Unkeler Apartment rauswollte, um in ein eigenes Haus zu ziehen: »Ich will aus Unkel nicht mehr weg.«

Brandt blieb in Unkel. 1989 zog er mit der neuen Frau in das neue Haus, wieder direkt am Rhein. Der Umzug fand am 9. November statt. Bezeichnend. Es ist der erste Spaten-stich des neuen Hauses Deutschland. Brandt bekam davon zunächst nichts mit. Das Fernsehgerät war noch nicht aus-gepackt. Dass die Mauer an diesem Tag fiel, soll er in der Nacht zwischen drei und vier Uhr durch den Anruf eines Journalisten erfahren haben.

Kurz vor seinem Tod 1992 war seine Abschiedsrede als Präsident der Sozialistischen Internationale auf dem Kongress in Berlin verlesen worden: *Nichts kommt von selbst. Und nur wenig ist von Dauer. Darum – besinnt euch auf eure Kraft und darauf, dass jede Zeit eigene Antworten will und man auf ihrer Höhe zu sein hat, wenn Gutes bewirkt werden soll.*

Mit diesen in Unkel geschriebenen Worten schloss sich der Lebenskreis eines der bedeutendsten Menschen des zwanzigsten Jahrhunderts.

Bereits 886 wurde Unkel als *Oncale* urkundlich erwähnt. Prächtige Herrenhäuser zeugen davon, dass begüterte Familien aus Köln und Bonn seit dem achtzehnten Jahrhundert hier ihre Sommersitze hatten und zum Teil heute noch haben.

Der Schriftsteller Stefan Andres, der ebenfalls lange hier

lebte, hat Unkel so beschrieben: *Dieser Ort ist voll Frieden. Sogar die Vögel erscheinen mir zutraulicher als anderswo.*

Das wird sich auch Freiheitsdichter Ferdinand Freiligrath gedacht haben, ein Detmolder, der sich ebenfalls vom Rhein und seinen Menschen beflügeln ließ, nach Unkel zog und dichtete:

Fahr am Rheine auf und nieder
Geh' zu Fuße kreuz und quer;
Ein Unkel findest Du nicht wieder –
Ein solches Plätzchen gibt's nicht mehr.

Ich stehe vor dem kleinen Stadtbrunnen mitten in Unkel, wo die Köpfe von Brandt, Freiligrath und Beethoven nebeneinander kunstvoll in Bronze gegossen sind.

»Eigentlich fehlt noch der von Adenauer«, sage ich mir im Stillen, als ich in Gedanken noch bei Willy Brandt bin. Der langjährige Bonner Journalist Helmut Herles brachte es einmal so auf den Punkt:

Eine dialektische List unserer Geschichte hat es gefügt, dass Adenauer und Brandt am Ende ihres Lebens Nachbarn waren. Unkel und Rhöndorf kann man an einem Tag besuchen und dabei in Rhöndorf im Hause Adenauers noch mehr als im nachgebauten Arbeitszimmer Brandts in Unkel Bescheidenheit und Stil zweier großer, ursprünglich gegensätzlicher und sich schließlich für das Wohl Deutschlands und Europas so glücklich ergänzender Politiker nachempfinden.

Dies wird niemand leugnen können.

Et is wie et es!

Et kütt wie et kütt
Habe keine Angst vor der Zukunft!

Um es mit Adenauer zu sagen: »Das Wichtigste ist der Mut.«
Den hatte auch Willy Millowitsch, als er wieder auf die Bühne ging, als Köln noch in Schutt und Asche lag.

Nach Konrad Adenauer bleibt Millowitsch bis heute einer
der bekanntesten Rheinländer. Der wuchtige Mann mit der
schneeweißen Haarpracht und der schwarzen Hornbrille
brachte im Nachkriegsdeutschland wie kaum ein anderer
die Leute zum Lachen. Millowitsch, von der Besinnlichkeit
bis zum Klamauk ein sattelfester Komiker, war einer der
bekanntesten deutschen Volksschauspieler, ein gesamtdeut-
scher Rheinländer.

Wenn man bei ihm zum Interview verabredet war, wie ich
zum ersten Mal in den Neunzigern mal an einem Sommer-
nachmittag, dann hatte seine wunderbare Frau Gerda sehr
liebevoll den Kaffeetisch im Garten gedeckt – das beste Por-
zellan, weiße Tischdecke, leckere Erdbeertorte mit Schlag-
sahne und auch noch frischer Bienenstich. Willy saß bereits
in seinem Sessel, und ich weiß noch genau: Ich hatte, als
ich seinen Garten betrat, nicht einmal Schönen guten Tag
sagen können, da begrüßte er mich schon bestens gelaunt
auf Kölsch: »Do biste jo!«

Das machte die Situation angenehm. Ich gab ihm die
Hand, setzte mich neben ihn an den Tisch, packte mein
Mikrofon aus und wollte ihm die erste Frage stellen. Willy

wehrte lächelnd ab: »Jung, lasset dir erst mal schmecken!«
Ich weiß auch noch, wie ich nach Kaffee und Kuchen erneut
zum Mikro griff, um ihn nun zu interviewen, als er mir wieder mit einem Lächeln ins Wort fiel:

»Um wat jeht et überhaupt?«

»Aber, Herr Millowitsch, darüber haben wir doch schon
am Telefon gesprochen – um den Kleefisch!«

»Um den Kleefisch? Nich um es Theater?«

»Nee – et jeht um den Kleefisch.«

»Jut. Dann schieß los …«

So war er – dieser Willy Millowitsch, der noch im hohen
Alter in die Rolle des kölschen TV-Kommissars Kleefisch
geschlüpft war. Auch diese Rolle nahm ihm sein Publikum
dankbar ab.

Willy Millowitsch wurde 1909 in Köln geboren. Der Vater
war Düsseldorfer, die Mutter Wienerin. Zuckmayer lässt grüßen. Schon als Kind hatte sich Willy mehr für Vaters Theater
als für die Schule interessiert. Bereits 1922 wechselte er ohne
Schulabschluss in den Schauspielerberuf. 1940 übernahm er
die Leitung der väterlichen Bühne. Willy hatte penibel alles
vom Vater abgeschaut. Seine wichtigste Erkenntnis dabei war,
die richtige Pause für Pointen zu setzen. »Das konnte er sein
Leben lang«, so lobt ihn heute noch Sohn Peter, der längst in
Willys Fußstapfen getreten ist, was aber nicht einfach war.

Im fast völlig zerstörten Köln überstanden zwei bekannte
Gebäude die Bombenangriffe weitgehend: der Dom und das
Millowitsch-Theater. Dass schon im Herbst 1945 der Spiel-
betrieb wieder aufgenommen wurde, war der ausdrückliche
Wunsch des Kölner Oberbürgermeisters Konrad Adenauer.

Er wollte der Bevölkerung nach dem Nazi-Terror schnell ein Stück ihrer rheinischen Lebensfreude zurückgeben. Die Menschen kamen teils von weit her.

Auch Josef Pütz, der mit seiner Familie nach Wenden in Westfalen evakuiert worden war, hatte Heimweh nach Köln und machte sich auf den Weg zu Millowitsch. Josef Pütz war einer von vielen, aber nicht irgendeiner. Josef Pütz ging als Josefa in der Session 1936/37 vor dem Krieg als letzte männliche Jungfrau eines Kölner Dreigestirns – bestehend aus Prinz, Bauer und Jungfrau – in die Geschichte des Kölner Karnevals ein.

Die Kölner Jungfrau, 1570 erstmals erwähnt, symbolisiert die freie, unabhängige und keiner fremden Macht unterworfene Stadt Köln. Sie trägt eine Mauerkrone auf dem Kopf, als Zeichen der Unbesiegbarkeit der Stadt Köln. Bis 1936 wurde die Symbolfigur immer von einem Mann dargestellt. Das hatte sich so ergeben, da der Karneval reine Männersache war. Hitler ließ diesen Brauch verbieten. Auf Druck der NSDAP, die hart die Homosexualität bekämpfte, musste die Jungfrau von einer Frau dargestellt werden: 1938 von Paula Zapf, einer Angestellten der Firma Bierbaum und Proenen, und 1939 von Else Horion, einer Kindergärtnerin der Schokoladenfabrik Stollwerck. Nach dem Krieg war die kölsche Jungfrau wieder ein Mann. Das hat sich bis heute nicht geändert. Und jeder akzeptiert das. Selbst der Papst. Benedikt XVI. empfing in der Session 2011 das kölsche Dreigestirn zur Audienz in Rom – mitsamt der Jungfrau in vollem Ornat.

Josef Pütz, der sich auf den Weg zu Millowitsch machte, war vor dem Krieg Betreiber des kölschen Brauhauses Rude

Bräues, und er war der Vater von Jean Pütz, der in Deutschland fast so berühmt wurde wie Willy Millowitsch: als Erfinder der legendären Hobbythek im Deutschen Fernsehen, als Mann mit dem unverwechselbaren Schnäuzer, der mit 74 Jahren noch einmal Vater einer kleinen Tochter wurde, als kölsches Urgestein und rheinisches Original und eben »der Sohn einer Jungfrau« (Pütz über Pütz), Jahrgang 1936.

Sein Vater hatte vor den Nazis eine jüdische Mutter mit ihrem erwachsenen Sohn versteckt – im Eiskeller, vier Stockwerke unter dem Erdgeschoss vom Rude Bräues am Kölner Blaubach, wo die Eisblöcke aus dem Winter isoliert lagerten, mit denen das obergärige Kölsch bis in den August und September gebraut werden konnte. Jean Pütz kann sich die Tränen nicht verkneifen, als er sagt: »Mutter und Sohn und die gesamte Pütz-Familie, also auch ich, überlebten dank des Vaters den Nazi-Terror, weil die ätzenden Dämpfe der Phosphor-Brandbomben bis hier unten nicht vordringen konnten.« Als Josef Pütz alias Josefa 1936 beim Rosenmontagszug durch die Kölner Innenstadt zog, hatten sich schon viele Offizielle des Kölner Karnevals dem Nazi-Terror unterworfen, was der Sohn der letzten Kölner Jungfrau vor dem Krieg auch sechzig Jahre danach noch anprangert: »Ich habe es nie verstanden, dass man das oberste kölsche Prinzip: Jede Jeck es anders, so hat verraten können, einem Psychopathen und Verbrecher zuliebe, wie ihn die Menschheit selten gesehen hat.«

Putzmunter wird Pütz, wenn er auf Willy Millowitsch angesprochen wird: »Ich erinnere mich bestens, wie ich im Jahre 1992 auf dem Kölner Eisenmarkt die Enthüllung eines

Denkmals für Willy Millowitsch moderieren durfte, dem fast ein Eklat vorausgegangen war! Der Kölner Stadtrat hatte es zunächst abgelehnt, dem verdienten Volksschauspieler noch zu Lebzeiten ein Denkmal zu setzen. Die Kölschen wollten aber nicht noch zwanzig Jahre warten!«

Das sah der Oberbürgermeister – Pietät hin, Brauch her – schließlich ein. Die Initiative für das Denkmal war von dem Kölner Theatermann und Poeten Harry Owens gekommen, der später aus Frust über die kölsche Kommunalpolitik mit seinem eigenen Traumtheater Salomé von Köln nach Berlin zog samt seiner Akademie der Schönen Künste. Mit Erfolg.

Willy, so erzählte Jean Pütz, habe bei der Enthüllung mit großer Genugtuung zugeschaut, wie die Kölner das Denkmal von Anfang an annahmen: Es ist ein in Bronze gegossener und auf einer Bronzebank in Lebensgröße sitzender Willy Millowitsch, der seinen Arm auf die Bank lehnt. Wie lebendig sitzt er auf der Parkbank. Tausende, vor allem Kinder, haben sich seitdem zu ihm gesetzt oder in den Wintermonaten liebevoll einen Schal um seinen Hals gewickelt. Willy hat sie alle in den Arm genommen.

Die Liste seines künstlerischen Wirkens ist lang. Nicht zu vergessen: seine großen Auftritte im Kölner Karneval selbst noch im hohen Alter. So viel Publikumsverbundenheit schätzt der Kölner und machte gleich daraus einen Witz: »Du, der Willy will auf der Bühne sterben.« – »Prima, jitt et noch Karten?«

Allein 900 000 Mal verkaufte sich Millowitschs Hit *Schnaps – das war sein letztes Wort* auf Schallplatte. Das führte dazu, dass er nur noch das erste Wort des Liedes, nämlich »*Schnaps*«, anstimmen musste – und sofort sangen die Jecken von allein weiter: »*… das war sein letztes Wort, dann trugen ihn die Englein fort!*«

Und spätestens wenn er das kölscheste aller kölschen Lieder sang, nämlich *Ich bin e ne kölsche Jung*, bekamen die Kölner feuchte Augen. Bis heute ist das Heimatlied von Fritz Weber mit dem Namen Millowitsch eng verbunden.

Während in den Trümmern in Köln der Neuaufbau begann, brachte Millowitsch also mit seinen jährlichen Neuinszenierungen, meist waren es Schwänke, u. a. von jüdischen Autoren, die Leute jeden Tag zum Lachen.

»Wenn der Mensch lacht, ist er frei wie ein Engel«, sagt Willibert Pauels, katholischer Diakon und Büttenclown, in Wipperfürth geboren, ein Rheinländer durch und durch. Pauels weiß, wovon er redet. Als »frommer Jeck« machte er Karriere im Karneval. Morgens Beerdigung – abends Büttenrede. Das ist über viele Jahre das kontrastreiche Leben des »bergischen Jung«, wie ihn die Leute kennen. Seine *Himmlisch-Irdischen Geschichten* treffen den Nerv der Leute. »Das innerste Wesen der Religion ist Trost«, erklärt er seinem Publikum, und im gleichen Atemzug fügt er hinzu: »Das innerste Wesen von Humor ist ebenfalls Trost. Denn in dem Moment, wo du lachst, bist du leicht wie ein Engel.« Deswegen hätten Engel ja auch Flügel, »weil sie über den Dingen stehen«. Wo immer er das erzählt, wird es mucksmäuschenstill im Saal. Humor, so sagt er, sei das Gegenteil von Schwermut. Das katholische Rheinland habe das selbst in Zeiten strengster Verbote und Gebote immer instinktiv gewusst. »Wenn Diktatoren etwas Gemeinsames haben, dann ist es ihre Humorlosigkeit«, sagt

Pauels in Anklang an den Regisseur Leander Haußmann, der in dem vielbeachteten Film *Hotel Lux* zeigte, wie im Jahre 1938 der eigentlich unpolitische Kabarettkomiker Hans Zeisig, gespielt von Michael Bully Herbig, plötzlich wegen einer überzogenen Hitlerparodie in Ungnade fiel ...

Pauels Vortrag auf der Bühne endet deshalb immer mit Pater Braun:

Pater Braun wusste schon,
Humor ist ein Teil der Religion.
Nur innere Freiheit von allen Sachen
Befähigt, sich zu belachen.
Der Rheinländer hat das längst im Blut
Und sagt: »De Hauptsach is et Hätz is jut!«
Und im Garten Eden ist Humor der beste Dung,
Das sagt euch von Hätzen: de bergische Jung!

Warum hat der Rheinländer den Humor? »Aus Angst!«, behaupten die einen, »Aus Unsicherheit!«, sagen die anderen. »Es ist die Daseinsberechtigung!«, meint Professor Ulrich Wünsch in seinem Buch *Der Rheinländer an sich* und schreibt:

Der Humor ist die unabdingbare Voraussetzung, um überhaupt im Rheinland leben und überleben zu können. Die Rheinländer wissen instinktiv, dass die Welt unausrottbar verkehrt ist. Nichts läuft, wie es soll oder muss oder könnte. Der rheinische Alltag beweist es immer wieder aufs Neue. Jedoch ist dieser Zustand der Welt gottgewollt und somit hat alles erst mal grundsätzlich seine Richtigkeit. Diese Erkenntnis, von anderen als Glaube denunziert, hilft, das Dasein auf Erden humorvoll zu bewältigen ... Nicht von ungefähr bedeutet Humor ursprünglich Feuchtigkeit; Trinken und Humor gehören zusammen. Die Anfechtungen des Tagtäglichen, die Anfeindungen des Unabänderlichen, die andere, weniger trinkfreudige Menschen einfach zerbrechen lassen, bewältigen die Rheinländer durch eine liebenswürdige, abwartende Distanz: Erst mal nicht drum kümmern! Diese Haltung hat Humor.

Die Herkunft spielt dabei keine Rolle, wie es die Roglers, die Beikirchers und die Busses und nicht zuletzt ich selbst oft erleben konnten: »Wat mäste?«, »Wo küss'te fott?«, »Wie is et?«, »Wat meinste?« – Schon geht's los.

»Jeder spricht mit jedem. Das ist die dem Rheinländer angeborene Form der Demokratie«, sagte einmal der Bonner Hochschullehrer Heinrich Lützeler, der Philosoph des rheinischen Humors.

Glücklich die Stadt, deren innere Schutzmauer vor allem aus den leuchtenden Steinen des Humors erbaut ist!, schreibt Lützeler 1954 über Köln und meint damit: *Man regt sich nicht unnötig auf, auch wenn es aufregend genug zugeht.*

Lützeler erzählt dazu die folgende Geschichte:

Der Kölner sitzt mit seinen Sprösslingen im
   Nichtraucherabteil
und qualmt mächtig aus der Pfeife.
Eine mitfahrende Dame sagt höflich zu ihm:
»Entschuldigen Sie, mein Herr. Hier ist Nichtraucher.«
Der Kölner sagt gar nichts,

sondern pafft einfach weiter.
Die Dame geht zum Schaffner,
und der sagt etwas deutlicher:
»Haben Sie nicht gehört, hier ist Nichtraucher!«
Der Kölner pafft ruhig weiter.

Der Schaffner geht zum Zugführer,
und der kommt hereingebraust und sagt:
»Zum Donnerwetter, hier ist Nichtraucher!
Wenn Sie nicht augenblicklich zu rauchen aufhören,
dann passiert Ihnen was.«
Die Worte »passiert Ihnen was« lösen dem Kölner
    die Zunge.
Der Schweigsame öffnet den Mund und spricht:

»Wat soll mir schon passiere?
Ming Frau wor op dem Hauptbahnhoff op dem Höffje,
mooht ens driesse un hätt dä Zoch verpass.
De Klein hätt am Finster eruss jeluurt,
un sing Mötz es fottjefloore.
Et Elke hätt et Himeerwasser
Op et wiesse Kleidche jeschött.

Dat Pitterche hätt jet en de Botz jemaaht.
Et Rosa hätt sämtlije Billjette verloore.
Mer sitze all em falsche Zoch.
Un ich hann keine Penning Jeld en dr Täsch.
Wat sull mir schon passiere??«

Heinrich Lützeler kommt in seinen Betrachtungen zu dem Schluss, dass die Mundart im besonderen Maße das Milieu und damit eine wichtige Grundlage für den Humor mitbildet. Er schreibt in seinem Buch *Philosophie des Kölner Humors*:

Das Fremde ist nicht das Eigene. Der Humor aber will gerade das Eigene. Die Durchsetzung des Eigenen gegenüber dem Fremden wird am Umgang des Kölners mit gewissen Fremdwörtern deutlich – vor allem in der Alltagssprache. Sie stammen aus dem Latein der Kirche, aus dem benachbarten Holland, aus dem vielfältig verbundenen Frankreich, gelegentlich auch aus dem Sprachschatz durchziehender spanischer Truppen.

Gebraucht der Kölner ein französisches Wort, so drückt er darin eine gewisse Westorientierung aus. Er fühlt sich nämlich diesem lebenskundigen Volk verwandt und glaubt mit ihm, dass ansehnliche Reste des Paradieses trotz Sündenfalls und sogar im Sündenfall uns erhalten geblieben sind. Der Überzieher heißt in Köln selbstverständlich »Paletot«, die Gabel bei Tisch »Forschettschen« (fourchette). Der Gentlemanfreund eines Mädchens ist »ne Kawalöres« (von »chevalier«, Ritter). Vor der Vorstellung nimmt man noch eine Kleinigkeit; aber es muss schnell gehen. »Allez vite« heißt »Macht schnell!« Und so heißt diese Kleinigkeit in Köln noch in der Verkleinerung der Kleinigkeit: »Do nemme mer schnell noch en Allewitsche!«

»Labbes« kommt vom holländischen »Lobbes«. Mit dem Spruch »Do beß ne Labbes« ist gemeint: »Du bist ein schlacksig-närrischer Mensch!« Man sieht, so Lützeler, *wie schwierig hochdeutsch wiederzugeben ist, was die Mundart mit einem knappen Zweisilber leistet: »Do beß ne Labbes!«*

*Von den spanischen Truppen des 16. und 17. Jahrhunderts
ist in der Kölner Mundart vor allem der Ausdruck »Baselemanes« übriggeblieben. Er leitet sich von dem spanischen Wort
»beso las manos« , »küss die Hand«, ab. In der heutigen kölnischen Umgangssprache ist der Wertakzent von »Baselemanes« verschoben; das Wort bedeutet weniger Handkuss und
Kompliment als Umschweif und kratzfüßerisches Wesen. Wieder ist im komisch-umgebildeten Fremdwort das innerliche
Fremde dargetan. Wenn man sagt: »Nu mach doch keene
Baselemanes«, so heißt das: »Maach doch nit esu e Jedöns!«
Lass das Getue, bleib mir mit der Verschnörkelung des Daseins
weg! Der Kölner benimmt sich ausgesprochen unornamental
und mag insbesondere im Umgang mit Vorgesetzten keinen
»Baselemanes« leiden. Er ist Meister des direkten Sprechens.
Der Fremde, der das nicht oder noch nicht kennt, pflegt leicht
zu erschrecken.*

Schon deshalb schenkte mir meine Kölner Ehefrau zum
ersten gemeinsamen Weihnachtsfest den »Wrede« – für
jeden Westfalen eine Herausforderung. Es handelt sich um
den *Kölnischen Sprachschatz* nach Adam Wrede, ein gigan-
tisches dreibändiges Wörterbuch, wo selbst Begriffe wie
»Jeschnüsels« zwar bestens erklärt werden – *übermäßige,
unmanierliche Küsserei* –, aber das musst du als Imi dann
erst mal nachsprechen! *En kölsche Tillekateß*, schrieb mir
jedenfalls meine Gattin in den »Wrede«. Dem will ich nicht
widersprechen.

Als Willy Millowitsch 1999 starb, trauerten die Kölner um
einen ihrer ganz Großen. Sie gingen stumm am offenen Sarg
von Willy vorbei, aufgebaut in seinem Theater, wo die Leute

sich schon bogen vor Lachen, wenn er nur die Bühne betrat, aber noch kein Wort gesagt hatte. »Bei fünfzigtausend haben wir aufgehört zu zählen«, sagte mir sein Sohn Peter im Rückblick auf die riesige Menschenmenge, die allein im Theater von Willy Abschied nahm.

Bei der Trauerfeier im Kölner Dom war der geschlossene Sarg am Fuße des Altars aufgebaut. So viele Menschen auf einmal habe ich selten im Dom zo Kölle gesehen. Wir hatten hinter einem Eckpfeiler ganz hinten vor dem Hauptausgang nur noch einen Stehplatz erwischt – standen dicht gedrängt neben fremden Menschen. Es half aber alles nichts: Meine Frau musste während der Totenmesse unsere kleine Cecilia stillen, weil die plötzlich die ganze Kathedrale zusammenschrie. Direkt neben uns stand einer der Dom-Schweizer, das sind Gottes Hausmeister und Hilfspolizisten in langen roten Gewändern, der die Still-Aktion mitbekam, worauf er sich leicht zu meiner Frau hinüberbeugte und ihr sanft ins Ohr flüsterte:

»Mädche, mach dir nix rus: Et kütt wie et kütt!«

ARTIKEL 3

Et hät noch immer jot jejange
Lerne aus der Vergangenheit!

Es ist noch immer gutgegangen. Das ist rheinischer Optimismus pur. In allen Lebenslagen.

Als der Vater Rhein in den achtziger Jahren mit einem Jahrhundert-Hochwasser aus seinem Bett stieg und die Kölner Altstadt meterhoch überflutete, stand die trübe Brühe in einer Eckkneipe bis zur Thekenkante. Ich traute als junger Reporter meinen Augen nicht: Die Kneipe war nicht nur offen – sie hatte auch geöffnet! An der Theke saßen, als wenn nichts wäre, die Leute in gelben Ostfriesennerzen auf Barhockern – mitten in der braunen Brühe! Auch der Wirt stand im Wasser, das Bierfass hatte er hoch auf einen Holzbock gestellt, um daraus bei bester Laune ein Kölsch nach dem anderen zu zapfen. Als wenn nichts gewesen wäre, sangen die Gäste dazu fröhlich ein Lied von den Bläck Fööss, das volle Kanne aus den Lautsprechern bis weit nach draußen dröhnte:

Eimol em Johr kütt d'r Rhing us em Bett,
Nämlich dann, wenn hä Huhwasser hät.
Un dann freuen sich de Fesch, dat es doch klor,
Denn dann han se widder Sauerstoff, et eetstemol em Johr.
Un dann freut sich och d'r Minsch, dat es doch klor,
Denn dann stink et nur noch halv esu vill, et eetstemol
    em Johr.

So was gibt's nur im Rheinland! Bei steigendem Pegel und steigenden Prozenten. Et hät schließlich noch immer jot jejange …

Theo Wilms, der künftige Dorfwirt in Houverath bei Erkelenz, übersetzt diesen durchaus fragwürdigen Grundgesetzparagraphen mit der deutlichen Empfehlung: »Lerne aus der Vergangenheit!«

Gelegentlich gelingt das. 1993 hatte der Rhein wieder einmal die magische Hochwassermarke von zehn Metern überschritten. Allein in Köln entstand ein Sachschaden von über 100 Millionen D-Mark. Der Hochwasserschutz wurde verbessert, und die Schäden wurden im Laufe der Jahre geringer.

Aber selbst wenn den Rheinländern das Wasser bis zum Halse steht und es um das eigene Ableben geht, beschwören sie kurz vorher noch mal ihr eigenes Grundgesetz: *Et hät noch immer jot jejange …*

Denn der Tod im Rheinland ist anders als anderswo. Hier wird »der Drecksack« ausgelacht. Zum Beispiel von Rainer Pause, Bonner Kabarettist, und von Martin Stankowski, einem Kölner Historiker und Journalisten. Fast zwei Jahrzehnte tingelten die beiden von Friedhof zu Friedhof, von Trauerhalle zu Trauerhalle, von Bestattungshaus zu Bestattungshaus, von Krematorium zu Krematorium, von einer Kirche zur anderen. Das waren ihre Bühnen. Was sie dort vor stets großem Publikum inszenierten, ist einmalig auf der Welt: *Tod im Rheinland – Eine bunte Knochenlese*, hieß ihr Theater. Ein kabarettistisches Meisterstück.

Als mein Vater in den neunziger Jahren verstarb, bin ich

mit meiner Mutter nur vierzehn Tage später zur Vorstellung der beiden gegangen: in die kleine Franziskanerkirche von Attendorn im Sauerland. Der Altar war das Podium. Rechts ein aufgestellter offener Sarg – und daneben eine Urne.

Rainer Pause alias Herr Litzmann im Schwalbenschwanz, Vereinsvorsitzender des Heimatvereins Rhenania. Zwischen Sarg und Urne stehend, stimmt er das Publikum ein: »Man fröstelt leicht, der Ofen ist ja heute nicht an.« Schon geht ein leises Lachen durch die Kirche. Dann fügt er im besten rheinischen Dialekt hinzu: »Der Tod ist ja nix Neues – man kennt ihn ja aus em Fernsehen und den Todesanzeigen.«

Stankowski als Gastredner übernimmt den seriösen Part, fängt mit Beerdigungsriten im alten Rom an, erzählt, was davon nach Köln kam. Er berichtet, wie die Toten und das Sterben früher in den Alltag einbezogen wurden, und vergleicht, dass den Menschen heute »der ganze Spaß vergeht – womöglich steckt wieder der Antwerpes dahinter«. Jetzt wird das Lachen schon lauter.

Franz-Josef Antwerpes war Regierungspräsident in Köln – eine rheinische Reizfigur. Niederrheiner. Mehr Büttenredner als Wahlredner, mehr Imperator als Chef einer Bezirksregierung. Immer umstritten. Immer gut für Schlagzeilen. Mitte der neunziger Jahre verbot der Regierungspräsident neben anderen Kulturveranstaltungen auch die Aufführung von *Tod im Rheinland* am Karfreitag. Ausgerechnet an dem Tag, wo es im katholischen Rheinland um nichts anderes als um den Tod geht. Wo in Bonn die Menschen in Massen auf Knien mühevoll über die heilige Stiege der Kreuzbergkirche des Baumeisters Balthasar Neumann rutschen: über 28 steile

Stufen bis zum Altar, in denen der Sage nach Fragmente des Kreuzes Christi in die Treppe eingelassen sein sollen.

Litzmann sinniert:

»Also, wenn doch der Jesus Rheinländer gewesen wäre, dann hätten wir den doch nicht gekreuzigt. Das hätten wir mit en paar Ründchen geregelt. Dann wären wir mit ihm zusammen auf den Ölberg gegangen, also genauer gesagt auf den Ölberg im Siebengebirge, oder gleich daneben auf den Petersberg, denn da gibt es doch so ein herrliches Restaurant, wo der Adenauer nach dem Krieg so schön mit den Westmächten rumgemaggelt hat. Da hätten wir uns mit dem Jesus ein bisschen zusammengesetzt, er hätte vielleicht, um die Stimmung etwas aufzulockern, die Weinreste von Kanaa spendiert, wir hätten in entspannter Atmosphäre verhandelt, und das Ergebnis wäre wahrscheinlich gewesen: Er wäre in Zukunft für die Getränke aufgekommen, wir wären damit zufrieden gewesen – er wäre nie gekreuzigt worden!«

Darauf Stankowski: »Aber Herr Litzmann! Wenn Jesus nicht gekreuzigt worden wäre, gäbe es keine Fastenzeit, keinen Karfreitag, und ohne Karfreitag auch keinen Aschermittwoch, und ohne Aschermittwoch konsequenterweise auch keinen Karneval!«

»Jut, wenn dat so is ...«

Ein Riesenlacher.

Fritz Roth, der ehemalige Prinz Karneval von Bergisch Gladbach, hat mit seinem eigenen Friedhof und mit seinem Engagement als einer der bekanntesten Trauerbegleiter und Bestatter Deutschlands bundesweit Schlagzeilen gemacht – und zwar positive.

Er hat in Bergisch-Gladbach ein Ensemble geschaffen, das international als Modell gilt. Eher einem Landhotel als einem Bestattungsinstitut ähnelnd, befindet sich hier das außergewöhnlichste Dreigestirn im Rheinland: eine private Trauerakademie, die Villa Trauerbunt für trauernde Kinder und die Gärten der Übergänge mit Deutschlands erstem privaten Urnen-Friedhof.

Hier kann jeder bestatten, wann und wie er möchte. Tag und Nacht. Mit Rockmusik oder leisen Tönen. Mit Lachen und/oder Weinen. Egal.

»Setzt euch eine Stunde zu eurer toten Mutter oder zu eurem Vater!«, rät Roth unabhängig davon in vielen Vorträgen an Universitäten oder in Pfarrsälen. Er hält damit ein Plädoyer, dass die Toten, wie es früher im Rheinland selbstverständlich war, wieder zu Hause aufgebahrt werden. »Wir lassen uns unsere Toten stehlen«, klagt Roth über die übliche Bestattungspraxis. »Tod braucht einen begreifbaren Abschied, denn nichts ist schlimmer für Menschen, als das Fehlen eines Abschieds.«

Diese Worte hatte ich mir hinter die Ohren geschrieben. Als ich mit Fritz Roth sprach, war meine Mutter noch quietschfidel, ein Engel auf Erden, hatte immer auch ein Herz für die, denen es dreckig ging. Mama konnte herzlich lachen. Kein Tag verging da ohne. Inzwischen ist sie verstorben – im Krankenhaus von Attendorn , nur ein paar Meter weiter vom ehemaligen Franziskanerkloster, wo sie einst den Tod ausgelacht hatte, als Pause und Stankowski dort ihr Kabarettstückchen *Tod im Rheinland* aufführten.

Ich habe meine Mutter, als sie tot war, nach Hause geholt.

Sonntagnachmittags. Zur Kaffeezeit. Aufgebahrt dort, wo sie immer am liebsten war, in ihrem schönen Wohnzimmer mit den alten Möbeln ihrer Mutter und dem Foto an der Wand, wie sie mit meinem Vater fröhlich die Golanhöhen, den dünn besiedelten, hügeligen Landstrich im Heiligen Land, erklimmt. Mama war eine fromme Frau. Sie hat sich in den Himmel gebetet und wie ein Hund darunter gelitten, dass Priester aus der katholischen Kirche Kinder sexuell missbrauchen.

Nun war der Abschied da. Aufgebahrt im offenen Sarg lag sie inmitten ihrer alten, schönen Umgebung, als würde sie friedlich schlafen. Freundinnen und Freunde, Nachbarn und Weggefährten, denen ich freigestellt hatte, ob sie so von ihr Abschied nehmen möchten, waren ausnahmslos alle vorbeigekommen. Draußen goss es in Strömen. Wir hatten die Sommermarkise heruntergefahren – darunter konnte man sitzen. Erst standen sie alle ergriffen am Sarg – dann ging es vor die Tür. Es gab Wasser und Wein wie bei der Hochzeit zu Kanaa. Und schon nach kurzer Zeit lachten sie alle, und sie lachten herzlich und auch laut, weil sie sich alle an schöne Erlebnisse mit ihr erinnerten. Ich habe genauso herzlich mitgelacht.

Mama konnte durch das große Wohnzimmerfenster nach draußen blicken – und wir umgekehrt zu ihr. Das war ein schöner Abschied. Erst recht für mich.

Was bleibt, ist ein winzig kleiner Zettel, auf dem sie mir, schon schwer erkrankt, in krakeliger Schrift – aber deutlich lesbar – den letzten Brief geschrieben hatten: *Mein lieber Gisbert. Lachen, lachen und lachen! Deine Mama Margot*

»Trauern ist Liebe«, sagt Fritz Roth aus Bergisch Gladbach, der Kreisstadt im Rheinisch-Bergischen, die einige Größen hervorgebracht hat: Als Ehrenbürger von Bergisch Gladbach und als bester Typenredner aller Zeiten im Kölner Karneval wird Hans Hachenberg, der jahrzehntelang als die »Doof Nuss« auftrat, in die Geschichte seiner Heimat eingehen. Ein einmaliger Komiker, oft kopiert, nie erreicht, der auch mit über achtzig Jahren noch die Säle zum Lachen brachte wie kein anderer.

Oder Heidi Klum, die 1992 in einer Castingshow von Thomas Gottschalk entdeckt wurde und deshalb in Gottschalks Show *Wetten, dass ..?* im Sommer 2011 in der Stierkampfarena von Palma de Mallorca nicht einfach nur so auftrat: in atemberaubenden knallgrünen High Heels. Zwölf Millionen Fernsehzuschauer sahen hin.

Und dann ist da noch Wolfgang Bosbach, der fraktionszwangsresistente Parlamentarier, dem die Euro-Rettungsschirm-Politik seiner Kanzlerin zu weit ging, der also nein sagte und daraufhin vom Chef des Bundeskanzleramtes übel beschimpft wurde.

Oder eben besagter Fritz Roth, der Bestatter. Weil Lachen und Weinen für den bekennenden Rheinländer und ehemaligen Prinzen Karneval ganz eng zusammengehören, führten Pause und Stankowski nach fast zwanzig Jahren zum allerletzten Mal *Tod im Rheinland* in seiner Trauerhalle auf. Der Saal war rappelvoll. Die Zuschauer total aus dem Häuschen, als »Fritz Litzmann« sein ultimatives Fazit zog:

»Oh! ... Ja, ... Dann ist er womöglich doch zu Recht gekreuzigt worden!?

Denn schließlich gäbe es ohne Kreuzigung keine Auferstehung und ohne Auferstehung keine Erlösung, und ohne Erlösung gäbe es kein Christentum. Und was wären wir ohne Christentum? Das Rheinland wäre undenkbar. Was wären wir ohne Beichte und die beruhigende Gewissheit, anschließend die alten Fehler noch einmal begehen zu können?«

Damit dürfte auch dem letzten Nichtrheinländer klar geworden sein, warum NUR der Rheinländer in der festen Gewissheit lebt:

»Et hät noch immer jot jejange!«

Wat fott es, es fott
Jammere den Dingen nicht nach!

Es ist einer dieser hochsommerlichen Tage im Mai 2011, als ich mit der Fernsehredakteurin Franziska Schmela mittags durch das schicke Düsseldorf-Oberkassel, linke Rheinseite, schlendere. Noch fahren die Schiffe, obwohl der Strom für diese Jahreszeit schon einen Jahrhundert-Tiefstand von 1,20 Meter erreicht hat. Wir stehen auf dem Luegplatz vor dem Haus Nummer 3, wo Franziska in unmittelbarer Nähe zum Rhein ihre Kindheit verbrachte. Zwanzig Jahre war sie nicht mehr hier. Das merkt man ihr an. Sie wirkt ein wenig angespannt und schaut sich äußerst interessiert um, was sich wie und wo verändert hat in den letzten zwei Jahrzehnten: »Das ist jetzt auch für mich ein kleines Erlebnis«, sagt sie und zeigt auf den Hinterhof: »Dort habe ich gespielt.« Dann schaut und deutet sie nach oben: »Im zweiten Stock wohnten wir – meine Eltern, meine Schwester und ich.«

Das schöne alte Haus mit dem gelben Anstrich passt in die Reihe der schmucken Bauten, die meisten im Jugendstil, die alle so um 1900 entstanden sind und im Krieg kaum zerstört wurden. Es ist ihr Elternhaus – eines von vielen schmucken Häusern mit den aufwendig restaurierten Altbauwohnungen, die Düsseldorf-Oberkassel zu einem der beliebtesten Wohnorte im Rheinland machen. Franziska: »Hier bin ich als Kind mit dem Kettcar durch die Straßen gedüst, während mein Vater Kunst gezeigt hat.«

Ihr Vater – das war der Galerist und Künstler Alfred Schmela, geboren in Dinslaken, gelebt, gewirkt und gestorben in Düsseldorf. Der »Kunstpapst« vom Rhein gilt als der Wegbereiter der Avantgarde, seine Galerie ist vom Nachkriegs-Düsseldorf bis heute Startrampe zahlreicher internationaler Künstlerkarrieren wie etwa der von Joseph Beuys. Es war im Mai 1957, als Schmela seinen Galeriebetrieb mit einer Ausstellung von Yves Klein spektakulär in einem kleinen Raum in der Düsseldorfer Altstadt begann. Nicht nur, dass diese Ausstellung das Deutschlanddebüt für einen umstrittenen Künstler war, der in der Folge zu Weltruhm gelangte. Auch Schmela begründete mit der Eröffnungsshow seinen Ruf als Avantgarde-Galerist. Zwischen 1957 und 1980 wagte er die ersten Auftritte zahlreicher umstrittener Künstler wie Joseph Beuys, dessen Schmela-Aktion *Wie man dem toten Hasen die Bilder erklärt* im Jahre 1965 längst zur Legende geworden ist. Zu Beginn der Aktion hatte Beuys die Tür der Galerie von innen versperrt und ließ die Besucher draußen. Diese konnten nur durchs Fenster zusehen. Seinen Kopf komplett zugeschmiert mit Honig, Goldstaub und Blattgold – und unter den Schuhen Metallplatten, mit denen er dazu auf dem Boden stampfte –, begann er, dem toten Hasen die Bilder zu erklären. Mit dem Tier auf dem Arm, und offenbar im Zwiegespräch mit diesem, ging er durch die Ausstellung von Objekt zu Objekt. Erst nach drei Stunden wurde das Publikum in die Räume gelassen. Beuys saß dabei, den toten Hasen auf dem Arm, mit dem Rücken zum Publikum auf einem Hocker im Eingangsbereich

Schmela war begeistert von dieser Aktion.

Franziska ist bis heute begeistert von ihrem Vater Alfred und mächtig stolz auf ihn, »nicht, weil er die großen Künstler entdeckt hat, sondern weil er vor allem ein toller Mensch, ein richtiger Typ war«. Wir stehen vor dem weiß gestrichenen Eisentor zum Hinterhof ihres Elternhauses. »Der Hinterhof war mein eigenes kleines Reich. Ich glaube, da war ich gerade mal fünf, da hab ich schon wahrgenommen: Es kommen Leute zu uns, die machen verrückte Sachen. Ich habe mich dann gewundert, dass der Wenzel, der Sohn von Joseph Beuys, sehr oft zu uns zum Mittagessen kam, bis mir klar wurde: Der Beuys stellt die *Fettecke* aus, bei dem hängen die Würste von der Decke und dürfen nicht gegessen werden, deswegen isst der Junge bei uns.«

Die *Fettecke* war Anfang der achtziger Jahre ein äußerst umstrittenes Kunstwerk des in Krefeld geborenen, in Kleve aufgewachsenen, später dann in Düsseldorf lebenden und dort gestorbenen Joseph Beuys, der über sie gesagt hatte:

Eine Fettecke ist ja nicht deswegen gemacht, um einen Tisch mit Fett zu beschmieren, sondern eine Fettecke ist deswegen gemacht, um als Fettecke im Gegensatz zu stehen zu anderen Prozessen, die ein solches plastisches, anfälliges Material macht, in Raum und Zeit, also gerade die Sachen mit Fett erheben einen großen Anspruch auf Theorie. Und diese Theorie ist natürlich vielleicht nicht immer da, wenn Menschen so eine experimentelle Anordnung sehen.

Franziska Schmela ist fest davon überzeugt, dass Beuys' außergewöhnliche Vorliebe für die Materialie Fett ihren Grund in den Kriegsjahren hatte. Nomadisierende Krimtataren sollen ihn nach dem Absturz mit einer Stuka im

März 1944 eine Woche lang aufopfernd mit ihren Hausmitteln gepflegt haben. Die Rede ist »von einer Salbung der Wunden mit tierischem Fett«. Beuys war Unteroffizier und als Kampfflieger an der Ostfront. Die Maschine stürzte bei plötzlichem Schneesturm über der Krim ab. Der Pilot starb. Beuys überlebte schwer verletzt. Er erlitt u. a. einen Schädelbruch. Franziska Schmela ist sich ziemlich sicher, wenn sie sagt: »Um die Narben zu verdecken, trug er den Hut.«

Alfred Schmela hatte Joseph Beuys schon zu einer Zeit gefördert, »als man sich damit noch lächerlich machte«, wie Zeitzeugen schildern. Schmela aber verstand Beuys und schätzte ihn, und er stellte ihn 1965 nicht nur als Erster, sondern auch mit Enthusiasmus vor. Der Düsseldorfer Kunstexperte Heinz Althöfer hat es einmal so formuliert: *Wenn Alfred Schmela überzeugt war, dann gab es kein Halten für ihn.*

Kenner behaupten bis heute, dass Schmelas Entdeckerfreude gepaart war mit einem sicheren Gespür für Qualität. Seine Tochter bestätigt das gern: »Der Papa hatte einfach einen guten Riecher!«

Hatte er. Dem Raketenstart mit Yves Klein folgten die Künstler der ZERO-Gruppe. Ob er sie, Heinz Mack, Otto Piene und Günther Uecker, als Erster zeigte oder ob er namhafte amerikanische Künstler ausstellte wie Roy Lichtenstein oder Richard Serra – sein »Gespür« machte diesen Alfred Schmela zu einem der weltweit wichtigsten Galeristen.

Zu den Debütanten in seinem Haus gehörten auch Jean Tinguely, Lucio Fontana, Christo, Jörg Immendorff, Sigmar Polke oder Gerhard Richter. Ihm, dem aus Dresden nach

Düsseldorf übergesiedelten und damals noch unbekannten Künstler, hatte Schmela die dringende Empfehlung gegeben: »Mal doch erst mal ein paar Porträts, die sind bei Sammlern besser zu verkloppen als Landschaftsbilder!« Solche rheinischen Töne aus dem Munde des warmherzigen Alfred Schmela waren nichts für den eher kühlen Künstler aus Sachsen, aber er hielt sich daran. Und damit nicht genug: Gerhard Richter benutzte Alfred Schmela als Studie – er porträtierte den unnachahmlichen Charakterkopf so gut, dass er ihn anschließend auch noch als Collage malte. Die Schmela-Porträts sind heute in den berühmtesten Museen der Welt zu sehen. Was sie wert sind? Sehr, sehr viel. Wie die meisten Werke des in Köln lebenden Malers, der heute als einer der weltweit größten Gegenwartskünstler gefeiert wird: Acht Bilder des Kunstprofessors Gerhard Richter wurden 2011 bei einer Auktion in New York bei Sotheby's für die Rekordsumme von 54 Millionen Euro versteigert. Erst kurz vorher gab es in London für das Richterbild einer brennenden Kerze den Zuschlag bei zwölf Millionen Euro.

Alfred Schmela wird sich im Grabe herumgedreht haben – und dem langjährigen Kölner Kardinal Joachim Meisner vielleicht ein Licht aufgegangen sein: Das Kirchenoberhaupt hatte Richters buntes Dom-Fenster einst heftig kritisiert. Die kontroverse Diskussion darüber dauert immer noch an. Es gehöre nicht in den Dom, sondern eher in eine Moschee. Dabei leuchtet das neunzehn Meter in der Höhe und knapp zehn Meter in der Breite gestaltete Fenster im Licht der Mittagssonne wunderschön. Dafür sorgen über elftausend Quadrate in 72 verschiedenen Farbtönen. Für mich spiegeln sie auch die rheinische Präambel wieder: *Jede Jeck es anders!* Sie sind so farbenfroh wie Konfetti und damit so bunt und so unterschiedlich wie die Menschen, die im Rheinland zusammenleben. Friede sei mit ihnen, wird hier gepredigt ...

Schmelas Galerie – sie ist bis heute ein Schmuckkästchen gleich neben der Kunsthalle in unmittelbarer Nachbarschaft zum traditionsreichen Düsseldorfer Kabarett-Theater Kom(m)ödchen. *Ein 142-qm-Bau, den sich Alfred Schmela von dem holländischen Architekten Aldo von Eyck entwerfen ließ, und der ganz dazu angetan war, Kunst und Öffentlichkeit und dazu noch seine eigene private Sphäre in einem zu verschmelzen,* so berichteten einst die *Düsseldorfer Nachrichten*. Das Schmela-Haus gehört heute zu den drei Standorten der Kunstsammlung Nordrhein-Westfalen.

Wenn man in dem engen Dreieckslift, vom kräftigen Alfred Schmela eingeklemmt, in die oberen Stockwerke des Hauses an der Luegallee in Oberkassel fuhr, dann wusste man, dass Überraschungen an den Wänden hingen, so Heinz Althöfer in seiner Dokumentation über Alfred Schmela. Denn neben dem prominenten Kunstdomizil in der Altstadt war auch Schmelas Wohnung am Luegplatz immer Galerie und feuchtfröhlicher Treffpunkt für die Szene in einem. Alles, was an der Düsseldorfer Kunstakademie Rang und Namen hatte, ging bei ihm ein und aus.

Althöfer berichtete: *Hier trafen sich die wichtigsten Sammler, um die neuen Künstler kennenzulernen. Dabei fand der wesentliche Teil der eigentlichen Kunstpolitik der Stadt Düsseldorf statt. Und es wurde reichlich gebechert und gefeiert. Alfred tanzte mit seiner wahrhaft athletischen Figur besonders*

pointiert und geschmeidig. Die Damen rühmten seine gute
Figur. Es war die gleiche Eleganz, mit der er die Boule-Kugel
in den Sand rollte

Auf den Rheinwiesen hatte Schmela seine eigene Boule-
bahn. Anders als Adenauers italienische Version Boccia im
eigenen Garten, war diese letztlich auf städtischem Grundstück genehmigt worden, direkt unter der Kniebrücke. Sogar
Lampen hatte die Stadt aufgestellt. »Die hat er so lange ge-
nervt, bis sie das Grundstück zur Verfügung stellte. Sonst
kriegt ihr keine Kunst!« Das sei sein Druckmittel gewesen,
erzählt Franzi.

Auch zum Boulespielen versammelten sich die Künstler um
Alfred Schmela, für den das zielsichere Werfen der Kugeln
»das schönste Hobby« war. »Es gab sonntags regelrechte
Turniere, bei denen die beste Mannschaft einen Wanderpokal
bekam, zum Beispiel mit einer kleinen Grafik von Beuys. Da
war richtig was los.« Der Vater habe fast jede Nacht bis
»in die Puppen« im Keller mit den Kugeln werfen geübt, erinnert sich die Tochter. Ich schau mich mit ihr noch weiter in
Oberkassel um. Ein schöner Markt. Teure Läden. Boutiquen.
Toprestaurants. Eine noble Gegend mit der schicken Block-
randbebauung aus der Zeit um 1900. Hier wohnten und
wohnen bis heute viele Künstler und Freiberufler oder auch
die Fußballprominenz von Magath bis Völler. Und die vielen
Japaner. Oberkassel sieht wegen seiner Lage am Rheinbogen,
dem Rheinknie, aus wie eine Halbinsel. Vorgelagert sind die
weitläufigen Wiesen, die nur bei Hochwasser im Strom ver-
schwinden. Davon sind wir an diesem Maitag weit weg.

Wir gehen noch ein paar Schritte weiter und bleiben am

weiß getünchten Beuys-Haus, nur ein paar Minuten vom Luegplatz entfernt, stehen. Franzi Schmela war hier oft. »Ich habe als Kind immer mit seinem Sohn Wenzel gespielt …«

»Was war Joseph Beuys für ein Mensch?«

»Ein sehr, sehr lieber«, antwortet sie, »am tollsten fand ich seine Hände – zum Verlieben. Er hatte ganz schöne feingliedrige Hände. Die waren magisch.«

Dieser Beuys, der über 25 Jahre tot ist, boomt und polarisiert bis heute. Für die einen war er ein »Schamane«, andere brachte er mit seinen Fettecken, Schlitten, Leichenbahren und toten Hasen auf die Barrikaden, wie heute noch in großen Artikeln über einen der berühmtesten Düsseldorfer geschrieben wird. Dabei hatte der strenge Kunstprofessor eine ganze Menge Humor, erinnert sich Franziska Schmela: »Die haben zwar über Kunst diskutiert, aber auch gesoffen und gelacht. Eben sehr rheinisch …«

Siebzehn seiner Lebensstationen sind auf einem limitierten Düsseldorfer Stadtplan der Kunstsammlung Nordrhein-Westfalen markiert, an denen Beuys einst lebte und wirkte. Die beiden wichtigsten Stationen: seine Wohnung am Drakeplatz in Oberkassel und die Galerie von Alfred Schmela in der Düsseldorfer Altstadt.

Wir gehen zum Essen rüber in die Altstadt auf die andere Rheinseite: ins Brauhaus Füchschen auf der Ratinger Straße, wo seit 1948 Düsseldorfer Alt gebraut wird und Franzis Vater an »der längsten Theke der Welt« Stammgast war. Nach Ausstellungseröffnungen in seiner Galerie, nur ein paar Fußminuten vom Füchschen entfernt, feierte er hier mit seinen Sammlern und Künstlern bis in die Puppen.

Ich hatte der Tochter den Vorschlag gemacht, es dem Vater gleichzutun: Altbier trinken und Eisbein essen! Sie stimmte spontan zu, zögerte dann aber mit der Bestellung jener Düsseldorfer Spezialität, die in Köln »Hämmchen« heißt, und hüben wie drüben mit Sauerkraut, Kartoffelpüree und nur mit Düsseldorfer Löwensenf aus dem Mostertpöttchen richtig gut schmeckt und sich von der bayerischen Haxe enorm unterscheidet, weil sie immer gekocht und nie gegrillt wird.

Also trinken wir erst mal unser frisches kühles Alt, stoßen dabei auf Franzis Vater an, warten noch mit der Essensbestellung, und Franziska Schmela fängt an, kleine Geschichten von Beuys und ihrem Vater zu erzählen.

Die erste Geschichte: »Da gab es ein Abendessen bei uns, wo der Beuys Hummer mitbrachte. Und zwar lebend. Das ist als Kind ein einschneidendes Erlebnis, wenn die Viecher durch die Wohnung kriechen und plötzlich in den Topf geschmissen werden. Aber so was war normal bei uns!«

Die zweite Geschichte: »Muhammed Ali stand ganz oben auf Papas Liste. Er hatte früher mal selber geboxt. Nachts um drei war der Boxkampf. Dann wurden die Künstler angerufen, der Klapheck, der Uecker, der Piene, der Beuys, und es hieß: Alle antanzen, Mohamed Ali gucken! Und: Hoch die Tassen! Dann bin ich aus dem Bett gekrochen, um mitzugucken, und das erste Wort, das ich konnte, war Weißwein ...«

Die dritte Geschichte ist nicht so lustig: »Wenzel kam im zweiten Schuljahr zum Schulausflug im Schottenrock mit einem Dudelsack auf dem Rücken. Aber Kinder können sehr böse sein. Sie haben ihm den Dudelsack aufgeschnitten, den Rock runtergezogen und ihn gehänselt. Es war eben sehr schwierig, in der Beuys'schen Welt zu leben. Beuys, sehr philosophisch, hat versucht, sich und seine Kinder zum Beispiel mit Brennnesselsuppe gesund zu ernähren. Ich mochte das alles nicht.«

In diesem Moment kommt der Köbes an unseren Tisch. Köbes ist die rheinische Form von Jakob, und als Köbes wird seit dem neunzehnten Jahrhundert jener eigensinnige Kellnertyp bezeichnet, den es so nur und hauptsächlich in den Brauhäusern in Düsseldorf, Köln und in Bonn gibt.

»Dann sach se misch, wat de haben wills«, fragt er mich im besten Düsseldorfer Platt, und ich bestelle spontan: »Zweimal Eisbein!« Franzi, mittelgroß, blond, lustig und intelligent, die große Brille wie der Vater, staunt nicht schlecht, widerspricht aber nicht. Sie lacht und lässt es sich wenig später tatsächlich schmecken. Das Fettige legt sie mit leicht angeekeltem Gesichtsausdruck – aber tapfer – vorsichtshalber an den Tellerrand, denn: »Wat fott es, es fott!«

Diese rheinische Lebensweise gilt auch für den großen Rheinländer Alfred Schmela, dessen Grundsatz lautete: »Das beste Bild gehört dem Kunden.« Franzi fängt an zu lachen, als sie erzählt: »Es klingelte an unserer Wohnungstür. Meine Mutter war nicht zu Hause, Herr Ludwig stand draußen und hatte Pralinen mitgebracht. Ich dachte: Das ist ja irre, dass mein Vater Pralinen kriegt, wenn er Bilder verkauft. Ludwig fragte meinen Vater: ›Hast du was für mich?‹ Mein Vater bat ihn in das Schlafzimmer von meiner Mutter und zeigte auf ein Bild über ihrem Bett. Ludwig zögerte nicht lange und stimmte sofort zu. Papa nahm das Bild von der Wand. Ludwig zahlte, freute sich und ging wieder. Was blieb, war ein dunkelgrauer Fleck an der Tapete über dem Bett.«

Der Besucher war Peter Ludwig, geboren in Koblenz, der in Mainz Kunstgeschichte studiert hatte und als Industrieller und Kunstmäzen weltweit bekannt werden sollte. Angeregt durch eine Ausstellung der Sammlung Haubrich im Jahr 1946 in der alten, zum Teil zerstörten Universität in Köln, begannen Ludwig und seine Ehefrau Irene Werke für öffentliche Sammlungen zu erwerben. Was daraus wurde, ist eine Besonderheit im Rheinland, gigantisch und wohl einmalig weit und breit: Vor dem Bau des Museums Ludwig 1976 neben dem Dom schenkten Ludwig und seine Frau der Stadt Köln zunächst dreihundert beeindruckende Werke der Pop-Art, die dadurch nicht nur nach Köln, sondern nach Europa gebracht wurde. Sie war für Peter Ludwig ein Spiegel der Zeit und Ausdruck eines Lebensgefühls wie »das Menschenbild Picassos«.

Eine weitere Schenkung an Köln waren die ersten neunzig Werke aus ihrem Picasso-Besitz. Nach dem Tode Ludwigs im Jahre 2001 kam es dann zur zweiten großen Schenkung von 774 weiteren Werken Picassos durch seine Frau Irene. Somit verfügt das Museum Ludwig heute in Köln nach Barcelona und Paris mit über achthundert großartigen Werken über die drittgrößte Picasso-Sammlung weltweit! Sie umfasst einen repräsentativen Querschnitt aller Schaffensphasen Pablo Picassos sowie aller Gattungen, Materialien und Techniken aus der Zeit von 1904 bis 1972.

Peter Ludwig und seine Frau Irene, die zusammen in Aachen ihr Schokoladen- und Pralinenimperium hatten und kinderlos waren, vererbten die wertvolle Sammlung weltweit. Beide hinterließen nach ihrem Tod auch die Peter und Irene Ludwig Stiftung, von der vor allem die Stadt Köln profitierte. Dass die Ludwigs steinreich waren, verdanken sie einem »Öcher« Pionier: Auf seinen Reisen durch Europa entdeckte der Aachener Apotheker Leonard Monheim Mitte des neunzehnten Jahrhunderts das kostbare neue Genussmittel Schokolade – und schon war eine große Idee geboren. 1857 holte Monheim sich einen erfahrenen italienischen Chocolatier nach Deutschland und begann mit der Zubereitung köstlicher »Gesundheitsschokolade«. Bis zu vierhundert Tafeln pro Tag wurden in der kleinen Apotheke in Handarbeit produziert, bevor Monheim 1865 Maschinen aus Frankreich beschaffte, um die wachsende Nachfrage zu befriedigen. Das war der Grundstein für das spätere Schokoladen- und Pralinenunternehmen Ludwig. Eine Goldquelle, wie sich schnell herausstellen sollte. Heute arbeiten ein paar Tausend Mitarbeiterinnen und Mitarbeiter für das Unternehmen Ludwig-Schokolade. Die deutsche Hauptverwaltung befindet sich in … Bergisch Gladbach.

Der damals völlig unbekannte Peter Ludwig hatte jedenfalls ein gutes Gefühl, als er mit dem Bild unterm Arm die Wohnung von Alfred Schmela in Düsseldorf wieder verließ. Was für ein Bild er erworben hatte und von wem es gemalt war, weiß heute niemand mehr. Franzi Schmela erinnert sich aber noch genau daran, wie »kurze Zeit später meine Mutter zurückkam und fragte: ›Alfred, wo ist mein Bild?‹« – Die Antwort des Vaters sei dann sehr rheinisch gewesen: »Hör ma bitte: Ich bin doch Kunsthändler – wat fott es, es fott!«

Et bliev nix, wie et es wor
Sei offen für Neuerungen!

Et bliev nix, wie et wor – das gilt auch für die Heimatkunde. Die heißt nämlich heute an nordrhein-westfälischen Grundschulen Sachkunde. Da lernen die Pänz in einem Fach alles: Biologie, Physik, Geographie und scheinbar auch vieles über das größte Bundesland. Also frage ich Konrad Beikircher, den »Erfinder des Rheinlandes« (Jürgen Becker), bei unserem Plausch in seinem Lieblingscafé in der Bundeskunsthalle in Bonn, was bei ihm auf keinen Fall in Sachkunde über das Rheinland fehlen dürfe? Die Antwort kommt wie aus der Pistole geschossen: »Düsseldorf! Weil nur am Negativen sich die Phantasie entzündet!«

Mir fällt fast die Kaffeetasse aus der Hand. Beikircher, der mit seinen silbergrauen Locken und überhaupt dem großen Bonner Beethoven verblüffend ähnlich sieht, zwinkert mit den Augen und nimmt genüsslich einen Schluck vom Cappuccino im südlich anmutenden Kaffeehaus der Kunsthalle, in der gerade Max Liebermann ausgestellt wird.

Aha! Da lässt wohl der Herr Grass grüßen, schießt es mir durch den Kopf. Günter Grass hatte in seinem Roman *Hundejahre* kein gutes Haar am rheinischen Paris gelassen. In Düsseldorf machte Grass in den Jahren 1946 bis 1949 eine Steinmetz- und Steinbildhauerlehre und verdiente sich seine Brötchen mit Schlagzeugspielen in der Altstadtkneipe »*Csikos*«, die es heute noch gibt. Als junger Mann war er aus der Kriegsgefangenschaft zunächst mit einem Mitgefangenen zu dessen Mutter nach Köln gegangen und dann zu seinen Eltern und zu seiner Schwester gezogen. Sie waren nach der Flucht aus Grass' Heimatstadt Danzig bei einem Bauern im Rheinland untergekommen. Ab dem Wintersemester 1949 studierte Günter Grass an der Kunstakademie in Düsseldorf und lebte, wie es heißt, bescheiden in einem Caritasheim.

Die Jahre in Düsseldorf boten dem späteren Literaturnobelpreisträger wohl reichlich Stoff für den 1963 viel beachteten aber auch vielfach kritisierten Roman *Hundejahre*. Dieser bildete mit der *Blechtrommel* und der Novelle *Katz und Maus* Grass' sogenannte Danziger Trilogie. In *Hundejahre* erzählt Grass ein realistisches Märchen, wie ein Müller mit seinem Sack voller Mehlwürmer die Wirtschaftsbosse der damaligen Zeit berät. Zeilen wie die folgenden hauen noch heute manch eingefleischten Düsseldorfer vom Hocker.

Weihnachten feiern im Sauerland, aber nicht bei den Radschlägern. Krefeld, Düren, Gladbach, zwischen Viersen und Dülken, wo Papa mit Mehlwürmern Wunder wirkte, schlimm genug, aber schlimmer diese butzenscheibenverklebte Pestbeule, diese Beleidigung eines nicht vorhandenen Gottes, dieser Mostrichklacks, angetrocknet zwischen Düssel und Rhein, dieses stockwerkehoch abgestandene obergärige Bier, dieser Abortus, liegengeblieben, nachdem Jan Wellem die Loreley besprungen. Kunststadt nun, Ausstellungsstadt, Gartenstadt. Das biedermeierliche Babel. Die niederrheinische Dunstglocke und Landeshauptstadt. Patenstadt der Stadt Danzig. Das Mostertpöttche und Grabmal des Hoppediz.

Die Düsseldorfer ließen sich die Attacke nicht gefallen. Im

Kom(m)ödchen, dem von Kay und Lore Lorenz 1946 gegründeten legendären und bis heute ältesten deutschen Kabarett-Theater in der Düsseldorfer Altstadt, wurden die *Hundejahre* heftig aufs Korn genommen. Der damals junge Kabarettist, Komiker, Schauspieler und Sänger Ernst H. Hilbich – ein rheinisches Multitalent aus Siegburg – schlüpfte dafür in die Figur des Schneiders Wibbel und sang auf eine eigens komponierte Melodie einen Text, der sich gewaschen hatte:

Als Fijur der Literatur
muss ich sagen: Diese Jrass
macht mir Spaß!
Könnt ich doch den
Jrund erfahren,
warum in den Hundejahren
jrade unsere Heimatstadt
so ne fiese Abschnitt hat.
Kommt daher
und trommelt »Blech« – (legt das Buch an die Seite)
Wech ...

O, du mein lieber Jünter Jrass,
komm du mir in die Wibbeljass,
da sieht man, was man davon hat,
von Patenjung und Patenstadt,
du herjelaufene Danziger,
du bis'ene falsche Zwanziger.
Und so was ham' mir mal befreit,
da tut's uns um den Krieg fast leid.

Günter Grass kann darüber heute schmunzeln. Seinen Rund-
umschlag von 1963 auf Düsseldorf erklärte er unlängst so:

»Ach, Düsseldorf wird immer 'ne hübsche und ansehnliche Stadt sein. Ich bin damals weggegangen, weil dort das
Wirtschaftswunder ausbrach. Das führte sofort zu einem
ganz anderen Klima und führte von der Realität weg. Ich bin
dann nach West-Berlin gegangen, 1953, als die Kriegs- und
Nachkriegsrealität noch deutlich spürbar und erfahrbar war.
Was für mich, der ich von Beruf und von der Ausbildung
her Bildhauer und Graphiker war, aber schon geschrieben
habe, wichtig war: dass ich wieder an die eigentlichen Wirk-
lichkeiten herangeführt wurde und mich nicht in Düsseldorfer Wirtschaftswunderwelten verlieren konnte. Die haben
damals schon angefangen, Klein-Paris zu spielen und diese
Königsallee als Modelaufsteg zu betrachten, das waren allerdings Dinge, die mit der Wirklichkeit wenig zu tun hatten.
Das war eine Scheinwelt, eine Scheingröße, die man vorspie-
gelte – auch immer in Konkurrenz zu Köln – was zum Teil
witzig war, dieses Konkurrenzverhalten zwischen Köln und
Düsseldorf, aber nicht abendfüllend.

In *Hundejahre* erzähle ich das realistische Märchen, wie
ein Müller mit seinem Sack voller Mehlwürmer das Wirtschaftswunder voraussagt und die Wirtschaftsbosse der damaligen Zeit berät. Ich habe dieses Kapitel, das Anfang der
sechziger Jahre entstand, dem damaligen Wirtschaftssenator
von Berlin, Karl Schiller, der sich für Literatur interessierte,
gegeben – er solle es kritisch lesen. Und er hat mir gesagt:
›Das ist alles wunderbar, was Sie da schreiben, 'ne witzige
Satire, bloß: Sie haben eins vernachlässigt: die Macht der

Banken.‹ Und das kommt mir jetzt immer in Erinnerung, wenn ich sehe, wie machtvoll diese Position ist, wie sie in der Lage sind, mit Ausreden und Globalisierungskonzepten frei gewählte Regierungen unter Zugzwang zu setzen.«

Ich sitze mit dem großgewachsenen Düsseldorfer Oberbürgermeister Dirk Elbers im hochsommerlichen Frühjahr 2011 in einem Straßencafé direkt hinter dem Rathaus. Ein Lieblingsplatz des Ersten Bürgers der Stadt. »Hier kommt doch Urlaubsfeeling auf«, sagt Elbers, der – im dunkelblauen Anzug – zu Fuß mit mir die paar Hundert Meter vom und ums Rathaus geht und nun ebenfalls einen Cappuccino nimmt. Dort, wo früher die Autos fuhren, erstreckt sich direkt am Rhein die mediterrane Fußgängerzone. Ein paar Stufen tiefer, auf einer zweiten Ebene am Fluss, gibt es eine edle Gourmetmeile. Gegenüber liegt Oberkassel – links von uns der Medienhafen mit der modernen Architektur, davor der Fernsehturm und an seinem Fuß der nordrhein-westfälische Landtag. Rechts von uns der Alte Schlossturm, ein städtisches Wahrzeichen, oft besungen und heute Herberge des Schifffahrtsmuseums. Hinter uns das Rathaus und gleich nebenan das gelungen restaurierte Haus des Karnevals. »Wir sind eine offene und selbstbewusste Stadt«, sagt Dirk Elbers, »eine Stadt, in der auch die Mode sichtbar gelebt und gezeigt wird – und zwar schick.« Wir reden über das, was die Landeshauptstadt letztlich ausmacht. Dirk Elbers sagt, es sei die Weltoffenheit, aber gleichzeitig auch die Familienfreundlichkeit mit kostenlosen Kindergärten und vielen Krippenplätzen für Kleinkinder. Das war nicht übertrieben.

Der Oberbürgermeister zeigt sich an diesem sonnigen

Mittag stolz, den Eurovision Song Contest für viel Geld nach Düsseldorf geholt zu haben. Denn das weltweit beachtete TV-Ereignis bringt Touristen, und die kommen ja immer schon in Scharen und sehen, so seine feste Überzeugung, jetzt noch mehr, »dass die Stadt durchaus sexy ist«, was ein Journalist in einem deutschen Nachrichtenmagazin anlässlich des internationalen Gesangwettstreits noch energisch bestritten hatte. Dirk Elbers hält entschieden dagegen. Sexy gilt selbst für die nasskalten und eher ungemütlichen Wintermonate. Wer vor zwanzig Jahren nämlich behauptet hätte, Düsseldorf würde einmal internationaler Wintersportplatz werden – wäre vermutlich sofort zum Vertrauensarzt geschickt worden. Aber genau das ist eingetreten. Seit dem Jahre 2001 sprinten die Besten der Besten jedes Jahr direkt am Rheinufer um Punkte für den Skilanglauf-Weltcup: vor Tausenden von Zuschauern, die Party machen, auf einer riesigen Loipe aus Kunstschnee, angekarrt mit schweren Lkws aus der Skihalle im benachbarten Neuss. Da bleibt dem Kölschen nur noch die Spucke weg.

Also: Et bliev nix, wie et wor.

Kenne mer nit, bruche mer nit, fott domet
Sei kritisch, wenn Neuerungen überhandnehmen!

Dass Düsseldorf »durchaus sexy ist« – dem widerspricht selbst Alice Schwarzer nicht. Ich treffe Deutschlands berühmteste Feministin rein zufällig am späten Nachmittag vor dem Uerige, Düsseldorfs berühmtem Brauhaus, als sie mit einer Freundin genüsslich in der Abendsonne ein »lecker Altbier« zischt und gute Laune verbreitet. Drum herum stehen, wie immer bei schönem Wetter und nach Feierabend, ein paar Hundert Menschen, die nichts anderes im Sinn haben als Klönen und Altbiertrinken. Alice, bekleidet mit einem hellbraunen, lässigen Strickpullover und einer dunklen Hose, erzählt mir von ihrer Großmutter aus Elberfeld, die eine »frenetische Rheinländerin« gewesen sei. Für die Oma sei Ostermanns Lied *Heimweh nach Köln* noch heiliger gewesen als *Stille Nacht*. Sehr viel Humor habe die Großmutter gehabt.

Wie wichtig für sie selbst denn der rheinische Humor sei, frage ich die Feministin. Alice Schwarzer lacht, und sie lacht laut und herzlich, als sie antwortet: »Ohne den rheinischen Humor hätte ich mir selbst längst die Kante geben können!« Sagt es und prostet mir und – Peter-Wilhelm Millowitsch zu. Dessen Porträt ist als Bronzerelief an der Außenseite vom Brauhaus Uerige verewigt. Alice Schwarzer, die ja schon lange in Köln lebt, ist ein wenig überrascht: Ausgerechnet der Vater des kölschen Urgesteins Willy Millowitsch wurde hier

1880, mitten in der Düsseldorfer Altstadt, im heutigen Brauhaus Uerige, geboren. Dort hat ihm die Willy-Millowitsch-sein-Vater-Platz-Initiative ein kleines Denkmal gesetzt.

Also heben wir die Altbiergläser und trinken auf Düsseldorf und Köln, die beiden Diven vom Rhein, die so fröhlich verfeindet sind. Ab und zu besuchen sich die Kölsch-Akademie und die Mundartfreunde Düsseldorf 1969 e.V. Eher versöhnlich heißt es deshalb in einem *Tätigkeitsbericht der Akademie för uns kölsche Sproch*: *Dann schwaade se e bessche de Schnüss, verzälle sich, wat et esu Neues en Kölle un en Düsseldorf jitt, un der Gastgeber hät och immer e ungerhaldsam Programm met Musik för de Gäs us dä ander Stadt parat. Zom Schluss singk mer och e paar Leeder zesamme und dann fahre de Gäss met enem jode Jeföhl zoröck en ehr Stadt un keiner versteiht mih, woröm esu vill Lück die Minsche us dä ander Stadt eigentlich nit ligge künne.*

Also proste ich mit Alice Schwarzer auf den lachenden Dritten: auf das rheinische Wuppertal – die bergische Hauptstadt. Die Heimatstadt von Alice Schwarzer, jawohl! Denn *Elberfeld/Rheinland* – so habe es immer unmissverständlich lesbar auf dem Bahnhofsschild von Wuppertal-Elberfeld gestanden, betont Frau Schwarzer, wohl wissend, dass trotz oder gerade wegen der schmerzhaften Eingemeindung der Nachbarn aus Barmen dort, im heutigen Wuppertal-Barmen, Westfalen beginnt. Das behauptet auch felsenfest Konrad Beikircher bei unserem Kaffeeplausch in der Bundeskunsthalle: »Geh doch mal durch die Fußgängerzone von Barmen und anschließend durch die von Elberfeld, dann merkst du den Unterschied! Isch kann dir sagen …«

Mit dieser rheinischen Liebeserklärung läuft Beikircher bei Alice Schwarzer, der gebürtigen und »hundertprozentigen Elberfelderin«, offene Türen ein. Wir stehen schon mindestens eine Stunde vor dem Uerige, als Alice nach ein paar Alt Heimatgefühle entwickelt, und zwar so, wie man das von ihr nicht kennt: Niemals wäre es ihrer Oma, und ihr selbst auch nicht, in den Sinn gekommen, einen einzigen Schritt nach Barmen zu setzen, erzählt sie mir und ihrer Freundin. Und: Die Oma habe sich immer sehr geärgert, als sie nach der Evakuierung in Franken als »Saupreiße« beschimpft wurde. »Und das sagen die uns, die wir von den Preußen besetzt wurden!«, hätte sich die Oma, die ein Leben lang für ein freies Rheinland gewesen sei, zu Recht aufgeregt. Alice Schwarzer erzählt das alles nicht ohne Stolz, denn sie bekennt sich im gleichen Atemzug zu ihrer Herkunft: »Ich bin ja mit neunzehn weggegangen, aber ich bin mir sehr bewusst, dass ich Wuppertalerin bin.«

Sie erzählt vom Frenzel, der alten Jazzkneipe mit Tropfkerzen, wo sich eine interessierte Wuppertaler Kunst- und Jazzszene traf, »denn ohne den wären wir in den fünfziger und sechziger Jahren alle krepiert!« – Als man »flügge« war, habe man sich in den Zug nach Düsseldorf gesetzt. Das Down Town sei ein Super-Jazzschuppen gewesen. Und das Alt und das Speckbrot hätten ihr hier schon früher gemundet, darauf möchte sie auch heute nicht verzichten, erzählt sie, während sie von einigen Umstehenden erkannt wird.

Ich spreche sie auf die zahlreichen Wuppertaler Persönlichkeiten an, schließlich ist sie ja selbst eine. Spontan nennt sie als Erste Pina Bausch. Die in Solingen als Phillippine Bausch

geborene, an der Essener Folkwanghochschule ausgebilde-
te und in Wuppertal beheimatete große deutsche Tänzerin
brachte es mit ihrem Tanztheater in Wuppertal zu Weltruhm.
Regisseur Wim Wenders aus Düsseldorf hatte 2011 mit seinem 3-D-Film *Pina – tanzt, tanzt, sonst sind wir verloren* erst
den Deutschen Filmpreis und dann auch den Europäischen
Filmpreis für den besten Dokumentarfilm erhalten. »Den hat
er dafür auch verdient«, sagt Schwarzer, denn Wenders habe
es auch verstanden, dass die Arbeit von Pina Bausch »unlös-
bar mit der Stadt Wuppertal verknüpft war«. Als Wenders'
Film als bester Dokumentarfilm für den Oscar 2012 nomi-
niert wurde, reagierten die Wuppertaler Kulturschaffenden
begeistert auf die Nachricht aus Hollywood: Das sei ein post-
humes Geschenk von Pina an die Stadt.

Die Eltern von Pina Bausch hatten in Solingen eine Kneipe mit einem kleinen Hotel, wo Pina mithalf und dabei be-
obachten konnte, was Menschen in ihrem tiefsten Grund
bewegt. Das spiegelte sich später in ihren Stücken wider. Wie
auch die frühe Erfahrung des Krieges: als plötzlicher Aus-
bruch von Panik, als Angst vor einer namenlosen Gefahr.

Sofort kommt Alice Schwarzer dann auf Else Lasker-
Schüler zu sprechen, eine bedeutende jüdische Dichterin, in
Elberfeld 1869 geboren – im Exil in Jerusalem 1945 gestorben
und dort auf dem Ölberg begraben. Ihr Theaterstück *Artur
Aronymus* , das 1933 im Berliner Schiller-Theater aufgeführt
werden sollte, war von den Nationalsozialisten sofort vom
Spielplan genommen worden. In dem Stück hatte die weit-
sichtige Dichterin die Judenverfolgung vorweggenommen.

Heinrich Böll war ein Fan von Else Lasker-Schüler. Der

Kölner Literaturnobelpreisträger sorgte dafür, dass ihr in Elberfeld ein Denkmal gesetzt wurde. Ihr Grab ist eines der vielen Tausend Steingräber gegenüber dem Tempelberg in Jerusalem. Es befindet sich auf dem Ölberg nur ein paar Schritte entfernt von der kleinen Kapelle Dominus flevit (Der Herr weint), die lange – die Welt ist klein – von einem Franziskanerpater aus Düsseldorf beaufsichtigt und gepflegt wurde.

Dann nennt Alice Schwarzer noch eine Wuppertalerin: Helene Stöcker, Frauenrechtlerin und Sexualreformerin, Pazifistin und Publizistin – 1869 in Elberfeld geboren, gestorben 1943 in New York. Alice Schwarzer ist voller Bewunderung: »Eine sehr mutige und ausgeflippte Frau«, sagt sie, die vor den Nazis, wie so viele Frauen, ins Exil hätte flüchten müssen. Stöcker hatte 1905 den Bund für Mutterschutz und Sexualreform gegründet, der sich für unverheiratete Mütter und Kinder engagierte.

Mir fällt dann noch eine weitere wichtige Frau aus Elberfeld ein: Helene Weber – eine große Politikerin. Sie zählt zu den vier Frauen, die einst – vielleicht auch in Plittersdorf unter der Linde am Rhein – das Grundgesetz entscheidend mit beraten und geprägt haben. Leider geraten die vier oft in Vergessenheit, wenn immer nur von den »Vätern des Grundgesetzes« die Rede ist. Die vier einzigen Frauen, die als Abgeordnete im Parlamentarischen Rat der Männerwelt Sitz und Stimme hatten, gelten als die »Mütter des Grundgesetzes«. Es sind Helene Weber, CDU, Friederike Nadig, SPD, Helene Wessel, Zentrum, und – wohl allen voran – die Kämpferin Elisabeth Selbert, SPD.

Jetzt frage ich Alice Schwarzer nach Johannes Rau, und

ihre Augen fangen an zu leuchten: »In all den Jahrzehnten, wenn ich ihn getroffen habe, hat er sich sofort auf mich gestürzt und angefangen, über Wuppertal zu reden.« Johannes Rau, der ehemalige Oberbürgermeister von Wuppertal, der spätere Wissenschaftsminister und Ministerpräsident von Nordrhein-Westfalen und schließlich Bundespräsident, ist auch über seinen Tod hinaus tief verwurzelt mit seiner rheinisch-bergischen Heimat Wuppertal. Ein Politiker zum Anfassen. Skatspieler, Fußballfan, Familienvater und »Bruder Johannes« in einem. »Versöhnen statt spalten!«, lautete sein selbst von politischen Gegnern oft gelobtes und bis heute viel zitiertes Credo in enger Anlehnung an die Präambel des Rheinischen Grundgesetzes: Jede Jeck es anders!

In den Neunzigern lernte ich Johannes Rau in der Fußgängerzone von Elberfeld persönlich kennen. Ich moderierte die Auftaktveranstaltung des Rheinischen Musikfestes. Rau sollte die Eröffnungsansprache halten. Hinter der Bühne kam er freundlich auf mich zu und fragte mich, wie ich heiße und wo ich herkomme. »Ich heiße Gisbert Baltes und komme aus Heggen im Sauerland.«

»Baltes? – Das ist doch ein rheinischer Name!«, antwortete er spontan. Das war mir neu. »Forschen Sie doch mal nach, Sie Sauerländer sind bestimmt rheinisch«, sagte er, ging lachend auf die Bühne und hielt – wie so oft – eine wunderbare Rede. Ich fing an zu forschen. Mit dem Ergebnis: Die Baltes-Wurzeln liegen tatsächlich zwischen Köln und Königswinter. Rau lag richtig. Als ich die Baltes-Geschichte dem früheren Unions-Landtagsabgeordneten und späteren Parlamentarischen Staatssekretär im Bundeswirtschaftsministerium, Hartmut Schauerte, ebenfalls Sauerländer, erzählte, schmunzelte dieser und setzte gleich noch eine Story drauf: Rau sei einmal energisch ans Rednerpult gegangen und habe laut auf ihn eingeschimpft mit den Worten: »Herr Schauerte – das Beste an Ihnen ist Ihre Schwester!« – Dem vorausgegangen waren wohl einige Blumensträuße des damaligen SPD-Fraktionsvorsitzenden für die Schwester, die in Schauertes Elternhaus im tiefschwarzen Kirchhundem eintrafen …

Auch Alice Schwarzer könnte viele Anekdoten über Johannes Rau erzählen. Was denn mit Engels (der von Marx) sei, möchte ich aber noch über den anderen prominenten Wuppertaler wissen. Sie beißt nicht wirklich an. »Na, gut – da war man natürlich ein bisschen stolz drauf. Aber man darf nicht vergessen: Der kam ja aus Barmen …« Dass auch Bruder Johannes seine Wiege dort hatte, erwähnt sie nicht groß. Rau wurde in Wuppertal-Barmen als drittes von fünf Kindern des Evangelisten und Predigers Ewald Rau und der Hausfrau Helene geboren und hatte sich bereits als Gymnasiast in der Bekennenden Kirche und in Bibelkreisen engagiert.

Bevor ich mich von Alice Schwarzer und ihrer Freundin am Uerige verabschiede, sagt sie noch: »Schad. Der Johannes ist nicht in Wuppertal beerdigt. Versteh ich gar nicht.«

Johannes Rau wurde in Berlin beigesetzt. Nicht zu Hause, wo er so gern war.

Zuhause, Heimat – das ist kein billiger Kitsch, sondern gerade für Rheinländer etwas ganz Wichtiges. Vor allem für die Kölner. Willi Ostermann, ihr großer Liedermacher, hat sich bei ihnen bis heute mit einem Lied unsterblich gemacht, dass schon die Mutter von Alice Schwarzer liebte:

En Köln am Rhing ben ich gebore,
ich han un dat litt mer em Senn,
ming Muttersproch noch nit verlore,
dat eß jet, wo ich stolz drop ben.

Wenn ich su an ming Heimat denke
un sin d'r Dom su vör mer ston,
mööch ich direk op Heim an schwenke,
ich mööch zo Foß no Kölle gon

Mit diesem Lied *Heimweh no Kölle* beschreibt Ostermann, dessen väterliche Wurzeln – ich schreibe es voller Stolz – im Sauerland liegen, die ungebrochene Verbundenheit der Kölner zu ihrer Vaterstadt.

Das Lied singen weiß Gott nicht nur die Kölner im Rheinland. Bestes Beispiel ist Reiner Knipp, Restaurantdirektor der feinen Deutsch-Parlamentarischen Gesellschaft im alten Bismarckpalais direkt hinter dem Berliner Reichstag. Reiner Knipp stammt aus Much, einem wunderbaren Örtchen inmitten von Wäldern und Wiesen im großen Rhein-Sieg-Kreis, wo die Menschen im Volksmund »Heufresser« genannt werden.

In Much sind alle fromm. Der Pastor predigt zu Karneval grundsätzlich »auf Kölsch« – und einmal im Jahr, zum Fest Mariä Heimsuchung, pilgern ein paar Hundert Mucher ins 150 Kilometer entfernte Werl, um in der Wallfahrtsbasilika vor dem Gnadenbild der Muttergottes zu beten. Der Brauch geht auf ein Gelübde aus dem Dreißigjährigen Krieg zurück.

Das alles erzählt mir der gut gelaunte Knipp, als er mit

Freunden eine kölsche Privatparty auf einem gecharterten Spree-Schiff mitten in Berlin feiert und dabei aus vollem Herzen Ostermanns Evergreen *Heimweh no Kölle* singt. Einen Tag vorher hatte ich ihn im piekfeinen schwarzen Smoking als perfekten Cheforganisator beim traditionellen Sommerfest der Parlamentarier in Berlin erlebt – äußerst konzentriert und höchst seriös. Von der Kanzlerin bis zum Staatsbesuch des chilenischen Präsidenten – Knipp ist in Berlin zuständig für das leibliche Wohl der Politiker. Da tanzt selbst ein Rheinländer wie er nach dem Protokoll. Aber nicht um jeden Preis. Denn er vergisst nicht, noch kurz die hinreißende Geschichte zu erwähnen, wie er das Rheinische Grundgesetz bemühte, als die Parlamentarische Gesellschaft von Bonn nach Berlin umgezogen war – und Gefahr drohte: Die Abgeordneten wollten ihr eigenes Bier aus den Wahlkreisen. Knipp ließ sich nicht aus der Ruhe bringen und setzte mit der einfachen Mehrheit Artikel 6 durch: »Kenne mer nit, bruche mer nit, fott domet! – und orderte KÖLSCH!

Wat wellste maache?
Füge dich in dein Schicksal!

Dass dies kein Spruch für Drückeberger ist, bewies niemand besser als Jean Jülich. Der Mann, der von den Nazis gefoltert und gedemütigt wurde, der trotzdem nie aufgab und schließlich daraus das Beste für sein Leben machte, nämlich Nächstenliebe und Spaßmachen für andere. Das ist in wenigen Sätzen die Lebensgeschichte des Jean Jülich, der oft an der Grenze zur Resignation war, aber nie aufgab – wenn er sich im besten Kölsch selbst die Universalfrage stellte: Wat wellste maache?

Jean Jülich war noch jung, als er 1942 in seiner Heimatstadt Köln mit den Edelweißpiraten in Kontakt kam, einer jugendlichen Protestbewegung, die im Rheinland Widerstand gegen die Nazis leistete. Die Edelweißpiraten übermalten Propagandaplakate und ließen Munitionszüge entgleisen. Sie versteckten Juden und versorgten sie mit Lebensmitteln. In der Woche trafen sie sich in Köln auf dem Manderscheiner Platz, dort wurde gesungen und über die Nazis in der Nachbarschaft gelästert. Am Wochenende fuhren alle Edelweißpiraten aus der weiteren Umgebung aus Köln, Düsseldorf, Wuppertal und Solingen an den Blauen See im Siebengebirge, insgesamt etwa 250 Jugendliche. Dort saßen sie zusammen am Lagerfeuer und sangen ihre Lieder. Zum Schlafen verkrochen sie sich in den Stollen der Berge rund um die Seen, denn dort wären sie sogar vor Fliegerangriffen sicher gewesen.

1944 wurde Jülich als Fünfzehnjähriger verhaftet, von der Gestapo verhört und gefoltert. Im selben Jahr waren zwölf Piraten, darunter seine besten Freunde, öffentlich gehängt worden. Jülich hatte Glück. 1945 wurde er von den Amerikanern befreit.

Trotz des Nazi-Terrors blieb er zeit seines Lebens ein kölsches Original, ein Alleinunterhalter im besten Sinne. Er singt die schönsten »Krätzchen« und spielt selbst dazu auf der Gitarre. Ich habe ihn einige Male erlebt, diesen humorvollen Menschen, etwa im Aueler Hof in Wahlscheid im Aggertal, wo früher die Kölner in die Sommerfrische fuhren und Jülich lange Jahre ein Wochenendhäuschen hatte. Es gab schon Standing Ovations, wenn der Mann mit dem verschmitzten Gesicht und der dunklen Brille auf der Nase den Saal betrat und auf seine kleine Bühne stieg. Wenn Jülich dann sein *Paradies am Rhing Colonia* sang, hörte man die Stecknadel fallen. Und spätestens beim *Mömmesleed* lag alles flach – vor Lachen.

Jahrelang galt Jean Jülich als einer der lustigsten Präsidenten im eher ernsten Kölner Karnevalsgeschäft. Die prominentesten Redner und Gruppen traten kostenlos in seiner Sitzung auf, wenn er einmal in der Session in die Stadthalle nach Köln-Mülheim auf die »Schälsick« einlud. Dort präsentierte Jülich auch mit über achtzig Jahren noch als Präsident der KG Die Löstige Eins, eine der gefragtesten und niveauvollsten Narrensitzungen von Köln. Die Löstige Eins war die kleinste Karnevalsgesellschaft der Welt. Ihr einziges Mitglied: Jülich. Der Elferrat bestand aus Stoffpuppen – mangels Mitgliedern.

»Die geben ja auch kein Widerwort«, scherzte der »Schang« gern und machte Ernst: Mit seiner Benefiz-Sitzung spielte er in all den Jahren über 1,2 Millionen Euro für Kölner Waisenhäuser ein.

In denen kannte er sich aus. Er selbst lebte eine Zeitlang im Kinderheim, als die Gestapo seine Familie in Sippenhaft genommen hatte. Der Vater war Kommunist. Als er in den Untergrund ging, wurde die Ehe der Eltern zwangsannulliert. Auch die Großmutter, bei der als Siebenjähriger lebte, wurde verhaftet. Über die schrecklichen Erlebnisse, nachdem ihn die Gestapo mit fünfzehn Jahren ins EL-DE-Haus geholt hatte, spricht er sein Leben lang vor Schulklassen und hält Vorträge. Auch in dem gefürchteten Haus am Kölner Appellhofplatz, wo Jülich in eine der schrecklichen Zellen geworfen wurde, steht er Besuchergruppen als Zeitzeuge Rede und Antwort. Es war ihm wichtig, vor allem Jugendlichen seine Erfahrungen zu schildern, um sie immer wieder aufs Neue für Engagement, politisches Interesse und friedliches Miteinander zu ermutigen.

Dann ging er mit ihnen in den Keller, wo sich die Zellen bis heute in ihrem Originalzustand befinden. Er erzählte, wie die Passanten die Schreie der Gefolterten hörten. Wie die Gestapo im Innenhof Massenhinrichtungen ohne Urteil durchführte.

Das EL-DE-Haus in Köln, benannt nach den Initialen seines Erbauers Leopold Dahmen, war von 1935 bis zum Kriegsende 1945 die Zentrale der Geheimen Staatspolizei. Es entwickelte sich nach dem Krieg zu einer wichtigen Gedenkstätte für die Opfer des Nationalsozialismus.

E Hätz su jroß wie ne Stän, heißt das Lied, dass der Kölner Sänger Wolfgang Anton für Jülich schrieb und damit die Vita eines großen Rheinländers auf den Punkt brachte. Tommy Engel und die Bläck Fööss würdigten schon vor vielen Jahren die Edelweißpiraten mit dem Song:

Edelweißpiraten, su han se sich jenannt.
Wo dat Blömche jeblöht hat,
Jo, do war Widerstand.

Jean Jülich, der Edelweißpirat, der Ex-Büdchenbesitzer, der ehemalige Südstadt-Wirt und Schiffsgastronom, der Karnevalspräsident und Pionier der Tanzgruppenakrobatik im Kölner Karneval, der Liedermacher und Lebenskünstler im besten Sinne; er versteckte die Juden, zu denen er Kontakt hatte, und behandelte sie als Freunde. Dafür wurde er gemeinsam mit Wolfgang Schwarz und Barthel Schink, die sich ebenfalls ab 1942 bei den Ehrenfelder Edelweißpiraten organisierten, in der israelischen Gedenkstätte Yad Vashem als Gerechter unter den Völkern aufgenommen – während sich die Konservativen im Kölner Stadtrat schwertaten, ob Jean Jülich Kölner Ehrenbürger werden sollte. Gestritten wurde um die »historische Einordnung« der Edelweißpiraten. Eine eher absurde Diskussion, die Jean Jülich bis zu seinem Lebensende mit großer Gelassenheit entgegennahm – getreu dem Rheinischen Grundgesetz:

Wat wellste maache?

Füge dich in dein Schicksal!

Jean Jülich starb 2011 im Alter von 82 Jahren.

Maach et jot, ävver nit ze off
Achte auf deine Gesundheit!

Das ist im Rheinland leichter gesagt als getan. Wie oft habe ich mich schon selbst dabei erwischt: noch mal kurz nach Feierabend einen Schlenker in eines dieser wunderbaren kölschen Brauhäuser. Unaufgefordert stellt dir der Köbes das schon vom Anblick her traumhaft gelungene Kölsch hin. Dieses obergärige Helle mit dem weißen Schaum in dem schlanken einzigartigen Glas, das jeder Tourist aus Bayern immer noch mit einem »Reagenzglas« verwechselt, aber spätestens nach dem elften diese unpassende Bezeichnung für immer vergessen hat.

Kölsch, dieses vom lieben Gott so wunderbar geschaffene, aus großen Holzfässern gezapfte Himmelsjetränk, ist sogar durch eine Konvention geschützt. Sie regelt verbindlich, welches Bier sich »Kölsch« nennen darf. Es ist ein Vollbier, obergärig, hell, blank, also gefiltert und klar. Es ist schlank, also hochvergoren, trocken, *wenig* vollmundig oder malzig, stattdessen hopfenbetont.

Und jedes Mal bestelle ich zum Kölsch mir einen Halven Hahn, ein Roggenbrötchen mit Käse, dazu. Der Anblick dieses rheinischen Duos hat was von einem einzigartigen Gemälde!

Wenn aber meine wunderbare chinesische Vertrauensärztin Liu, die in Bonn studiert hat und ihr dort erworbenes Wissen erfolgreich mit der traditionellen chinesischen Medizin kombiniert, ihr Lächeln für einen Moment einstellt und die Stirn runzelt – dann weiß ich: Jung, maach et jot, ävver nit ze off!

Das wird sich auch Benedikt XVI. gedacht haben, als er fünf wunderbare Flönz (kölscher Kaviar, sprich: Blutwurst vom Feinsten) – vom Kölner Metzgermeister Frank Remagen »handverlesen« – und rheinisches Schwarzbrot aus dem Hause Zimmermann, Kölns ältester Schwarzbrotbäckerei, entgegennahm: als Geschenk des Kölner Dreigestirns 2011 für den Papst bei der Audienz in Rom. Da habe ich bei Seiner Heiligkeit leuchtende Augen gesehen. Als das Kirchenoberhaupt in der Audienzhalle des Vatikans die kölschen Köstlichkeiten entgegennahm, geriet er ins Schmunzeln und wohl ins Nachdenken zugleich. Vielleicht kamen ihm Erinnerungen an die eigene rheinische Vergangenheit in den Sinn: 1959 hatte Joseph Alois Ratzinger seine Lehrtätigkeit an der Universität Bonn aufgenommen, als Professor der Fundamentaltheologie vor einer großen Hörerschar, die *mit Begeisterung den neuen Ton aufnahm, den sie bei mir zu vernehmen glaubte*, so Benedikt in seinen Erinnerungen. Vom Sommer 1959 an lebte er in der Wurzerstraße 11 in Bad Godesberg – nicht weit vom Schaumburger Hof. Einer von Ratzingers Freunden war der Indologe Paul Hacker aus Seelscheid, der vom Luthertum kommend zum Katholizismus konvertierte. Mit ihm soll Ratzinger in nächtelangen Diskussionen so manche Flasche Rheinwein geleert und dabei wohl auch die rheinische Lebensweisheit verinnerlicht haben:

Maach et jot, ävver nit ze off!

Alles andere ist bekannt. Wir wurden Papst.

Wat soll dä Quatsch?
Stelle immer zuerst die Universalfrage!

Die habe ich auch gestellt. Wir hatten Hochzeitstag, und meine Frau führte mich bei strahlendem Sonnenschein nach Köln auf die Hohenzollernbrücke: »Über-raaa-schung!«

Dann holte sie ein kleines grünes Vorhängeschloss aus der Tasche, hing es an die Brücke, verriegelte das Schloss, warf den Schlüssel in den Rhein – und gab mir einen dicken Kuss.

»Wat soll dä Quatsch?«, habe ich mich noch getraut zu fragen – bis ich Aufklärung erfuhr und errötete: »Das ist ein Liebesbeweis, mein Schatz!« Ich hatte kapiert.

Noch hingen nicht viele Schlösser am Brückengeländer. Als ich einem Nachbarn einige Jahre später die Geschichte auf der Fahrt im Zug kurz vor Überqueren besagter Brücke erzählte und ihn fragte, ob er wisse, woher der Brauch mit den Liebesschlössern stamme, zuckte er mit den Schultern. Darauf schaltete sich eine sympathische junge Dame ein, die gegenüber auf der anderen Seite am Fenster des Regional-zuges saß: »Wohl aus Italien«, sagte sie spontan mit einem süßen Lächeln, »aber genau weiß ich das auch nicht.«

»Dann kann ich das ja mal recherchieren, und wir treffen uns danach auf der Brücke«, erwiderte ich höflich, aber wohl mit einem leichten Grinsen. »Geht nicht, ich häng da schon«, kam es grinsend zurück, während der Zug hielt und die Gute im Kölner Hauptbahnhof ausstieg.

Der liegt direkt hinter der zwischen 1907 und 1911 er-
richteten – und nach 1945 wieder aufgebauten – Hohenzollernbrücke, an der inzwischen so um die vierzigtausend
Liebesschlösser in allen möglichen Größen und Farben
hängen dürften: bemalt, beklebt, beschriftet, »wir gehören
zusammen«, »für immer«, »4ever!«. Sie machten die Kölner
Brücke weltberühmt.

Bei so vielen Herzensangelegenheiten beschäftigte sich
Die Zeit mit dem *Gewicht der Liebe* und fragte: *Wie schwer
wiegt die Liebe? Kann sie Brücken zum Einsturz bringen? Was
ist wenn die Schlösser rosten?* An einer Seine-Brücke in Paris
wurden sie abmontiert, weil ein Geländer unter dem tonnen-
schweren Gewicht zusammenbrach. Die Deutsche Bahn AG
gab sich gelassen: »Dieses Gewicht trägt das 24 000 Tonnen
schwere Bauwerk mit Leichtigkeit«, meinte ein Sprecher und
gab damit dem romantischen Brauch weiter grünes Licht.
Der damalige Kölner Oberbürgermeister freute sich über
eine zusätzliche Touristenattraktion. Zusammen mit dem
NRW-Bahnchef Reiner Latsch hängten beide seinerzeit ein
eigenes Liebesschloss aus, schließlich sind der Kölner Hauptbahnhof und die Hohenzollernbrücke einer der wichtigsten
Eisenbahnknotenpunkte in Europa. Täglich rollen um die
1100 Züge über die meistbefahrene Brücke Deutschlands,
»üvver die söns halv Kölle jöck«.

Die ersten Liebesschlösser wurden im Spätsommer 2008
angeschlossen – und niemand wurde daran gehindert, sein
Schloss aufzuhängen: exakt bei Rheinstromkilometer 688,5,
wo die Hohenzollernbrücke das Linksrheinische mit dem
Rechtsrheinischen verbindet, von dem Adenauer zu sagen

pflegte, dass spätestens hinter Bensberg der Bolschewismus anfange ...

Inzwischen kommen immer mehr Menschen aus der ganzen Welt nach Köln, um sich auf der Liebesbrücke, die vor über hundert Jahren, am 22. Mai 1911, von Kaiser Wilhelm II. persönlich eingeweiht und als technisches Wunderwerk gefeiert wurde, ewige Treue zu schwören. »Die Liebesschlösser stehen für den Wunsch der Menschen nach Stabilität«, meint Professor Gunther Hirschfelder aus Gummersbach, Volkskundler am Institut für Germanistik der Rheinischen Friedrich-Wilhelms-Universität in Bonn. »Und in einer so schnelllebigen Zeit wie der unseren ist das eine wunderschöne Geste: Sie ist so etwas wie ein natürlicher Reflex auf die schlechten Prognosen, die Ehen heute haben.«

Dass Stadt und Bahn den romantischen Brauch noch stützen, davon träumen die Italiener nur, bei denen die Liebesschlösser wohl erfunden wurden: Wer beim Aufhängen auf der Rialtobrücke in Venedig erwischt wird, muss dreitausend Euro Strafe zahlen. Die Tageszeitung *La Repubblica* forderte sogar, überführte Paare ein Jahr lang hinter Gitter zu bringen.

Im fröhlichen Rheinland ist das anders. Leben und leben lassen – heißt hier die Devise.

In Florenz sollen Studenten einst damit begonnen haben, und in Rom wurde die Milvische Brücke, die über den Tiber führt, zur Liebesbrücke. Berühmt wurden sie und der Brauch 2006 durch die Verfilmung des Bestsellers *Ich steh auf dich* von Federicio Moccia, wo sich die beiden Hauptdarsteller ewige Liebe schwören, als sie das Schloss an der Brückenlaterne befestigen und den Schlüssel in den Tiber werfen. Vielleicht stammt der Brauch auch gar nicht aus Europa. In China wurden schon vor langem verrostete Liebesschlösser an verrosteten Ketten gesehen, die dem Betrachter viel älter erschienen. Aber vielleicht lag das auch nur am Rost.

Die Höhner aus Köln landeten jedenfalls mit Deutschlands bekanntester Liebesbrücke gleich einen Hit:

Komm sei die Königin in meinem Königreich
ich schenke dir heut' ein Schloss am Rhein
mein Reich ist eine Brücke
die führt in's Glück hinein
Das Schloss ist nicht so groß
symbolisch eben nur
eiserner Liebestreueschwur
der unsere beiden Namen trägt
und diese Verse hier:

Schenk mir heut' Nacht dein ganzes Herz
und bleib' bei mir
dann schenk ich dir mein ganzes Herz
und zeige dir
was dir gefällt – na na na na na na na
die ganze Welt – na na na na na na na
und wenn du willst auch noch ein bisschen mehr

Alle singen mit. Und kein Mensch fragt: Wat soll dä Quatsch?

Drink doch eine met
Komme dem Gebot der Gastfreundschaft nach!

Im Rheinischen oder Kölschen »Jrundjesetz« ist es eine der wichtigsten Missionen. *Drink doch eine met!* – lautet sie und hat nichts mit dem zu tun, was vor allem an den Karnevalstagen im Rheinland zum Problem geworden ist: Jugendliche, die saufen, bis der Arzt kommt.

Drink doch eine met! – das ist vielmehr eine dieser wunderbaren Botschaften für das Miteinander aller Kulturen im Rheinland. Einer, der das vorleben möchte, ist Amir Shafaghi aus Bonn. Als ich mich mit ihm im schönen alten Weinhaus Lichtenberg in der schmalen Heisterbacherstraße – benannt nach dem legendären Kloster Heisterbach der ehemaligen Zisterzienserabtei – in Oberdollendorf treffe, erzählt er mir bei einem Glas Dollendorfer Laurentiusberg, dem wohl trockensten Riesling vom Rhein, seine Geschichte. Wir sitzen dabei gemütlich in der Weinstube in einem dieser plüschigen Sofas. Draußen ist es dunkel und kalt: Dezember. Amir, Anfang vierzig, mittelgroß, schlank, dunkles Haar, freundlich, gepflegt – ein sympathischer Mensch. Er – Iraner, Moslem – war vor ein paar Jahren Karnevalsprinz von Bonn! Mit Uta als Bonna an seiner Seite, einer Christin, erlebte er all die jecke Sachen, die der Rheinländer in dem Lied beschreibt: *Ach wär ich nur ein einzig mal ein schmucker Prinz im Karneval …*

Mit viel Herzblut sei er in den Karneval gegangen, ohne

Vorurteile, »dann kann man prima Demut genießen«, sagt er mir voller Überzeugung rückblickend auf seine Zeit als närrischer Regent der Bundesstadt Bonn, über die er ein Buch schreiben möchte. Arbeitstitel: *Im Namen Alaaf*. Darin möchte er über all die schönen Treffen und Erlebnisse berichten, die er mit Menschen hatte, denen er sonst wohl nie begegnet wäre. Aber auch über die Erfahrung, dass er im Bonner Münster nicht einmal das Grußwort in der Karnevalsmesse, wie sonst jeder Prinz, sprechen durfte. Nur, weil er Moslem ist. Der Stadtdechant hätte es ihm verboten.

Der lebensfrohe Iraner ist das positive Paradebeispiel für die Völkermühle am Rhein. Er hat Kinder stellvertretend für die über hundert Nationen, die in der UN-Stadt Bonn leben, eingeladen zur Taufe eines Prunk-Wagens für den Rosenmontagszug. Dabei singen die Pänz seinen Lieblingssong: *Unsere Stammbaum* der Bläck Fööss. Und dann singen sie noch *Drink doch eine met* nach dem gleichnamigen Artikel im Rheinischen Grundgesetz – auch ein großes Bläck-Fööss-Lied. Die wichtige zweite Strophe stammt von Hans Knipp, dem Kölner Komponisten und Texter, der viele Erfolgslieder für und mit den Fööss schrieb, auch das Lied *Unsere Stammbaum*. Knipp schuf Kölsche Hymnen, die jeder kennt: *Mer schenken dä Ahl e paar Blömcher*, *Ne Besuch em Zoo* oder *Mer losse d'r Dom en Kölle*. In der zweiten Strophe von *Drink doch eine met* hält Knipp ein Plädoyer für Gastfreundschaft im besten Sinne – für alle, die am Rande der Gesellschaft stehen, die Alleingelassen und verlassen sind, und gerne wieder lachen möchten. Zitat:

Su mancher sitz vielleicht allein zo Hus,
Dä su jän ens widder laachen dät.
Janz heimlich, do waat hä nur do drop,
Dat einer zo im sät:

Drink doch eine met, stell dich nit esu aan!
Du steihs he de janze Zick eröm.
Häs de och kei Jeld, dat es janz ejal.
Drink doch met un kümmer dich nit dröm.

Hans Knipp, den viele auf eine Stufe mit Willi Ostermann stellen, weil er mit seinen rund 870 Liedern, die er seit den siebziger Jahren geschrieben hat, die Kölsche Seele berührt, sagte mir vor noch gar nicht langer Zeit: »Bei mir bleibt ein Gefühl der Dankbarkeit. Ich habe viel und mit Begeisterung gearbeitet, aber es lässt ein bisschen nach, weil sehr viel auch weg ist an Ideen.« Dann fügte er, der Blondschopf, noch mit einem verschmitzten Lächeln kurz hinzu: »Es hätte alles viel schlechter kommen können.« Knipp ging es schlecht. Er wurde, weiß Gott warum, nicht zum Platten-Millionär. Ich hatte ihn in Altenkirchen im Westerwald besucht. Dort lebte er zuletzt wie in der zweiten Strophe beschrieben: einsam und allein zu Hause – in einer winzigen, gerade mal dreißig Quadratmeter großen Wohnung. Kurz vor Weihnachten 2011 starb Hans Knipp im Alter von 65 Jahren an Herzversagen. Aber seine Lieder leben weiter. Allen voran: *Drink doch eine met.*

Do laachste dich kapott
Bewahre dir eine gesunde Einstellung zum Humor!

Marc Metzger – Starbüttenredner in der Session 2012: »Also zum Thema Wulff: Da geht es darum, dass jemand Hilfe bekommt von jemandem, den er kennt. Ich hab' als Kölner das Problem nicht verstanden!«

Willibert Pauels (Der Fromme Jeck) – geklaut mit freundlicher Genehmigung von Jürgen Becker, der hat auch geklaut und sagt: »Der Witz ist im Rheinland ja sowieso Allgemeingut ...« Also:

Im Himmel werden die Dialekte verteilt. Alle haben ihre eigene Sprache schon bekommen. Sachsen, Bayern, Schwaben ... und, und, und. Nur der Rheinländer ist übriggeblieben. Offensichtlich hat Gott ihn vergessen. Als er nun stumm und tieftraurig vor dem Allmächtigen sitzt, rührte es Gott vor Mitleid und Er sprach:

»Maach disch nit bang Jung. Dann redse erstemal so wie isch!«

Jochen Busse – deine beste Pointe über die Rheinländer?

Ich dachte, ich hätte einen Freund. Aber der war Rheinländer ...

Mer muss och jünne könne
Sei weder neidisch noch missgünstig!

Staubsauger aus Wuppertal, Klingen aus Solingen, Gurken aus Kerpen, Printen aus Aachen, Briketts aus Rommerskirchen, Krawatten aus Krefeld, Aspirin aus Leverkusen, Löwensenf aus Düsseldorf, Eierlikör aus Bonn – der Westfale könnte neidisch werden, wenn er nicht mit Schinken und Pils dagegenhalten könnte. »Mer muss och jünne könne«, sagt der Rheinländer. Das passt. Schließlich tun sich Rhein und Ruhr in Duisburg zusammen und fließen gemeinsam in die Nordsee.

Doch kein Fluss in Nordrhein-Westfalen, in Deutschland und in Europa wurde so oft und so viel besungen wie der Rhein. Willy Schneider, Willy Millowitsch, Ernst H. Hilbich, Lotti Krekel, Margit Sponheimer, Ernst Neger und wie sie alle heißen, Bläck Fööss, Paveier, Höhner, Räuber, Brings – der Rhein und seine Anrheiner bieten der Musikszene im Rheinland bis heute immer wieder neue Lieder.

Das Rheinland und die Musik ist nicht nur ein Kapitel, sondern ein Buch für sich! In Köln erlebte die deutsche Unterhaltungsmusik neben Hamburg und Berlin nach dem Krieg ihre Wiedergeburt. Stars wie Caterina Valente (*Spiel noch einmal für mich, Habanero*), Peter Alexander (*Ich weiß, was dir fehlt*) und Chris Howland (*Hämmerchen-Polka*) nahmen hier ihre großen Hits auf. Die Macher hießen Heinz Gietz und Kurt Feltz – sie bildeten eines der erfolgreichsten

Autorenteams des deutschen Nachkriegsschlagers. In Köln wurde das Orchester Kurt Edelhagen für den Westdeutschen Rundfunk verpflichtet, benannt nach seinem aus dem Ruhrgebiet stammenden Bandleader, der den Jazz ins Nachkriegsdeutschland brachte.

Deutschland erster Discjockey im Radio im Jahre 1952 war der Engländer Chris Howland, der das Rheinland zu seiner Wahlheimat – und eine große Karriere als Schauspieler, Sänger und Komiker machte. Deutschlands erster Discjockey in einer Discothek im Jahre 1959 war Klaus Quirini im legendären Scotch-Club in Aachen. Quirini gründete kurz darauf die Deutsche Discjockey Organisation. Dadurch wurde der Discjockey zum Beruf.

Doch nicht alle hatten das nötige Kleingeld für die Clubs. In Köln wurde Rock'n'Roll auf den Ringen also auf der Straße getanzt. Und Beethoven aus Bonn lieferte ungewollt die Idee zu einem Megahit: Chuck Berry eroberte mit *Roll over Beethoven* wochenlang die Charts und klingt bis heute nach.

Ludwig van Beethoven hätte seine helle Freude daran gehabt – auch an der Tatsache, dass unweit seines Bonner Geburtshauses seit mehr als 125 Jahren die *Königin der Musikinstrumente*, wie Mozart sie nannte, gebaut wird: Orgeln aus der Orgelbau-Dynastie Klais erklingen heute auf dem gesamten Erdball. In der Manufaktur des Familienunternehmens entstehen sie für die Elbphilharmonie in Hamburg oder für den spektakulären Kirchenneubau im spanischen San Sebastian. Aber nur eine einzige Klais-Orgel verfügt über ein Register, dass sonst keine andere Orgel auf der Welt hat:

Los jonn heißt es – und befindet sich in der Registratur der Schwalbennestorgel im Kölner Dom. Wird dieses Register gezogen, öffnet sich unter der Orgel eine Klappe, und eine bunte Holzfigur mit einer Karnevalsmütze schwenkt heraus. Dargestellt wird der frühere Kölner Domprobst Bernhard Henrichs, der das Herz auf dem rechten Fleck hatte und aus schwindelnder Höhe die Menschen grüßt.

Dazu ertönt die Melodie *Mer losse d'r Dom e Kölle*, und sofort singt der ganze Dom mit:

Mer losse d'r Dom en Kölle, denn do jehööt hä hin.
Wat sull dä dann woanders, dat hätt doch keine Senn.
Mer losse d'r Dom in Kölle, denn do es hä ze huss.
Un op singem ahle Platz, bliev hä och jot en Schuss,
un op singem ahle Platz, bliev hä och jot en Schuss.

Wie gesagt: Man muss och jünne könne …

NOTSTANDSGESETZ

Et hät noch schlemmer kumme könne
Falls Artikel 3 einmal nicht zutreffen sollte

Dieses Rheinlandbuch klingt nun aus. Ich, der Westfale, empfehle nach dem Lesen Musik: die *Rheinische Sinfonie* von Robert Schumann, dem Wahl-Düsseldorfer, und gleich anschließend die *Europa-Hymne*, die *Ode an die Freude*, des großen Sohnes der Stadt Bonn, Ludwig van Beethoven. Und dann? Dann hören Sie sich am besten die Bläck Fööss aus Köln und *Unsere Stammbaum* an. Es ist längst das beste Lied vom Rhein. Wer sich darauf besinnt, übersteht die größten Krisen.

Doch selbst die sind ja im *Rheinischen Grundgesetz* geregelt, falls der Artikel 3 *Et kütt wie et kütt* einmal nicht zutreffen sollte. Dann tritt nämlich automatisch das *Rheinische Notstandsgesetz* in Kraft, das nur aus dem einen tröstenden Satz besteht: *Et hät noch schlemmer kumme könne!*

In diesem Sinne.

Becker, Jürgen, in: Woikowsky, Rüdiger von (Hg.): Das Phänomen STäV, Köln 2007, Bachem Verlag, S. 15

Drink doch eine met, Musik & Text: Fred Hoock/Spezialtext Zick Zick Eröm (Drink doch eine met 2000): Hans Knipp/Günter Lückerath/Hartmut Priess/Willy Schnitzler/Peter Schütten/Ernst Stoklosa/Kafi Biermann/Ralph Gusovius, © 1971 by Presto Musikverlag Hans Gerig, Bergisch Gladbach, © 1978 by De Bläck Fööss Musikverlag GmbH, Bergisch Gladbach

Eimol em Johr, Musik & Text: Hartmut Priess/Thomas Richard Engel/Ernst Stoklosa/Peter Schütten/Günter Lückerath/Rolf Lammers, © 1974 by Presto Musikverlag Hans Gerig, Bergisch Gladbach, © 1978 by De Bläck Fööss Musikverlag GmbH, Bergisch Gladbach

Lützeler, Heinrich: Rheinischer Humor, Köln 1999, Bouvier Verlag, S. 97

Schenk mir dein Herz, Musik & Text: Fröhlich/Krautmacher/Parsons/Schöner/Streifling/Werner-Jates, Interpret: Höhner, © Edition Höhner

Unsere Stammbaum, Musik & Text: Ernst Stoklosa/Günter Lückerath/Hans Knipp/Harmut Priess/Karl-Friedrich Biermann/Peter Schütten/Ralph Gusovius/Willi Schitzler, ©2010 by Edition Fööss, Bergisch Gladbach

Zuckmayer, Carl: Des Teufels General/Der Hauptmann von Köpenick, Köln 1970, Lingen Verlag, S. 223 f.

REGISTER

Aachen 42, 89, 119, 120
Adenauer, Georg 51
Adenauer, Konrad 23, 51, 53, 58
Aggertal 106
Alexander, Peter 119
Alt 86, 96
Althöfer, Heinz 81, 83
Andres, Stefan 56
Anton, Wolfgang 108
Antwerpes, Franz-Josef 72
Appel, Reinhard 30, 31
Aspirin 119

Bad Godesberg 49, 110
Bad Honnef 33, 50
Bausch, Pina 98
Becker, Jürgen 22, 28, 118
Beethoven, Ludwig van 18, 57, 90, 120, 122
Beikircher, Konrad 8, 41, 90, 97
Benedikt XVI. 60, 110
Bensberg 113
Bergisch Gladbach 74, 76, 89
Bergneustadt 42
Berry, Chuck 120
Beuys, Joseph 79, 80, 85

Bierbaum und Proenen 60
Bläck Fööss 12, 37, 70, 108, 119, 122
Blauer See 105
Blüm, Norbert 20, 21
Böll, Heinrich 41, 99
Bonn 17, 23, 37, 38, 40, 49, 90, 113, 115, 116, 119, 120, 122
Bosbach, Wolfgang 76
Brandt, Willy 37, 54, 55
Brings 119
Busse, Jochen 26, 118

Christo 81
Clinton, Bill 32
Coudenhove-Kalergi, Richard Nikolaus Graf 42

Dahmen, Leopold 107
Deutsches Eck 31
Drachenfels 31, 33
Dugdale, James Arthur 43
Duisburg 42, 119
Dülken 47
Düsseldorf 23, 40, 78, 79, 82, 83, 90, 93, 96, 99, 105, 119, 122

Edelhagen, Kurt 120
Edelweißpiraten 105, 108
Elbers, Dirk 94
Emmerich 45
Engels, Friedrich 102
Erkelenz 71
Essen 99
Ewald, Reinhold 43

Feltz, Kurt 119
Festung Ehrenbreitstein 31
Flönz 110
Fontana, Lucio 81
Freiligrath, Ferdinand 57

Genscher, Hans-Dietrich
  33–36
Gietz, Heinz 119
Gorbatschow, Michail 34
Gottschalk, Thomas 53
Grafenwerth 33, 50
Grass, Günter 91, 93
Gummersbach 42

Hachenberg, Hans 76
Hacker, Paul 110
Halver Hahn 109
Hämmchen 86
Heine, Heinrich 18
Henrichs, Bernhard 121
Herles, Helmut 57
Hilbich, Ernst Herbert 92,
  119
Himmel un Äd 17
Hirschfelder, Gunther 113

Hitler, Adolf 60
Höhner 114, 119
Honnef, Hermann 50
Horion, Else 60
Houverath 9, 71
Howland, Chris 119, 120
Humboldt, Alexander von 32,
  50
Hüsch, Hanns-Dieter 46, 50

Immendorff, Jörg 81

Jäckel, Fritz 44
Jülich, Jean 105, 106, 108

Karneval 35, 37, 47, 48, 61,
  106
Kerpen 119
Kevelaer 46
Klais Orgelbau 120
Klein, Yves 79
Kleve 45
Klum, Heidi 76
Knipp, Hans 116, 117
Knipp, Reiner 103
Köbes 87
Koblenz 31
Kohl, Helmut 37, 55
Köln 13, 22, 37, 40, 61,
  63, 68, 88, 93, 101, 103,
  105, 106, 108, 110–112,
  120–122
Kölsch 109
Königstein, Jacques 43
Königswinter 31, 101

Korb, Lydia 36
Kottenforst 33, 38
Krefeld 119
Krekel, Lotti 119
Künneke, Eduard 45

Lasker-Schüler, Else 99
Leverkusen 119
Lichtenstein, Roy 81
Löwensenf 119
Ludwig, Irene 88
Ludwig, Peter 87, 88
Lützeler, Heinrich 65, 67

Mack, Heinz 81
Meckenheim 49, 50
Meisner, Joachim Kardinal 82
Millowitsch, Peter 59
Millowitsch, Willy 58, 60–62,
 97, 119
Moers 42, 46
Mönchengladbach 43
Monheim, Leonard 89
Much 103

Nadig, Friederike 100
Neger, Ernst 119
Nellissen, Katja 41
Neumann, Balthasar 72
Neuss 95
Neu, Stefanie 46–48
Niedecken, Wolfgang 12, 13
Nonnenwerth 33
Nowottny, Friedrich 38, 39

Ostermann, Willi 96, 102,
 117
Owens, Harry 62

Pauels, Willibert 63, 64,
 118
Pause, Rainer 71
Paveier 119
Petersberg 33
Picasso, Pablo 88
Piene, Otto 81
Polke, Sigmar 81
Poppinga, Anneliese 51
Praß, Bruno 11
Pütz, Jean 61
Pütz, Josef 60

Quirini, Klaus 120

Räuber 119
Rau, Johannes 100, 102
Remagen 54
Remagen, Franz 110
Rhein 17, 19, 45, 55
Rhöndorf 50
Richter, Gerhard 81, 82
Ritzel, Jörg 32
Rogler, Richard 24, 25
Rolandsbogen 32, 33
Rolandseck 32
Rommerskirchen 119
Rosen, Klaus-Henning 55
Rotbäckchen 54
Roters, Jürgen 112
Roth, Fritz 73, 74

Rubens, Peter Paul 22
Rude Bräues 61
Rüdesheim 31

Schauerte, Hartmut 102
Schaumburger Hof 16, 17
Schaumburg-Lippe, Adolf
  zu 17
Schink, Barthel 108
Schloss Marienfels 54
Schmela, Alfred 79, 81, 82
Schmela, Franziska 78, 80, 85
Schmidt, Helmut 36, 37
Schmidt, Loki 37
Schneider, Willy 119
Schumann, Robert 122
Schwarzer, Alice 96, 98, 99,
  102
Schwarz, Wolfgang 108
Seebacher-Brandt, Brigitte 56
Seelscheid 110
Selbert, Elisabeth 100
Serra, Richard 81
Shafaghi, Amir 115
Siebengebirge 33, 53, 105
Solingen 99, 105, 119
Sponheimer, Margit 119
Stankowski, Martin 71, 73
StäV 28, 29, 35
Steinmeier, Walter 37
Stöcker, Helene 100
Stollwerck 60

Tinguely, Jean 81

Uecker, Günther 81
Uedemerbruch 48
Uedem-Keppeln 46
Unkel 53–57

Valente, Caterina 119
Victoria, Queen 18

Wachtberg-Pech 33
Wahlscheid 106
Walbeck 46, 47
Wandersleb, Hermann 19
Weber, Helene 100
Weck 49
Weilerswist 39
Wenders, Wim 99
Werl 103
Wessel, Helene 100
Westerwelle, Guido 50
Wilhelmine Viktoria von
  Preußen 17
Wilms, Theo 9, 10, 71
Winkel, Horst-Jürgen 35
Wrede, Adam 68
Wünsch, Ulrich 40, 64
Wuppertal 97–101, 105, 119

Zapf, Paula 60
Zeisig, Hans 64
Zuckmayer, Carl 14, 16